至简会计

汪致正 著

中国财经出版传媒集团
中国财政经济出版社

方向不对，努力白费！方法不对，努力浪费！

Direction is wrong, efforts are in vain.

Method is wrong, efforts are wasted.

如果不能简单解释，说明没有理解透彻。

——**爱因斯坦**

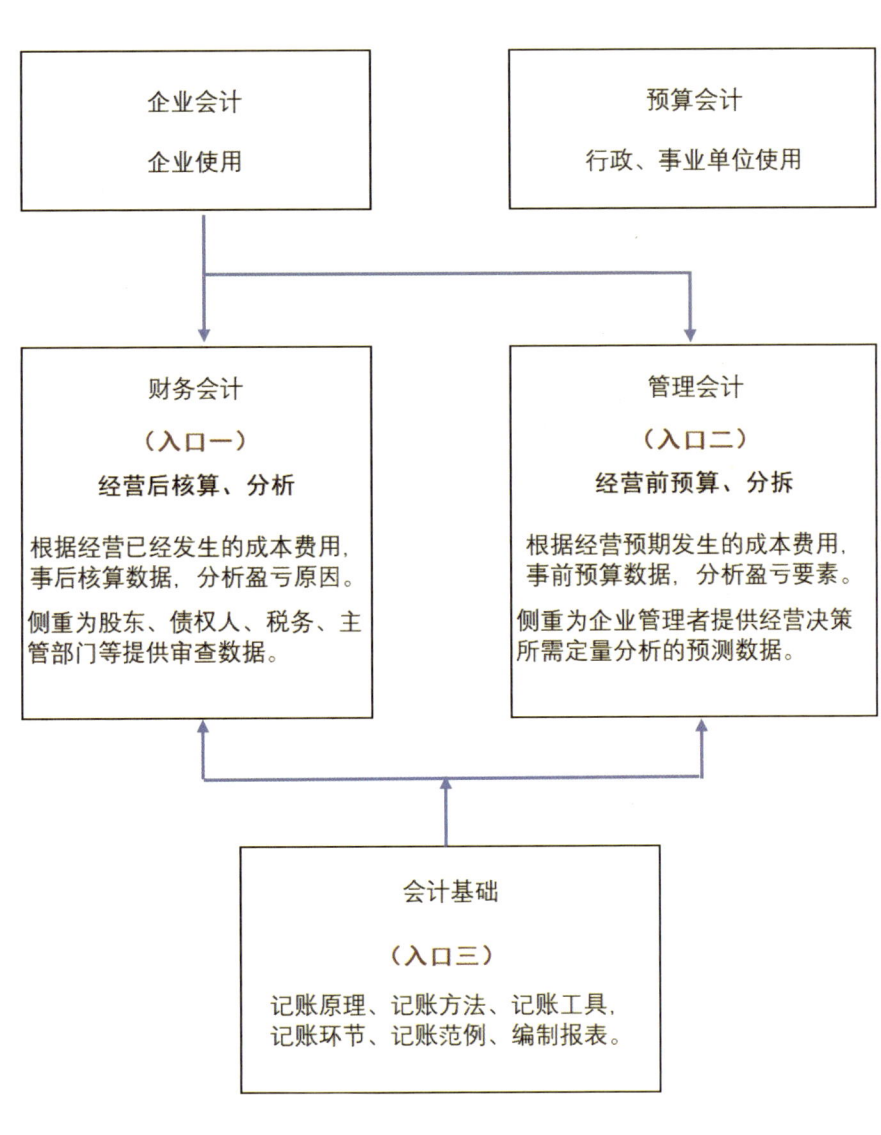

不懂会计，怎么经营？

这样的时代，经营者必须正确把握自己企业实际的经营状况，在此基础上作出精确的经营判断。而要做到这一点，前提就是要精通会计原则以及会计处理的方法。

—— 稻盛和夫

股神巴菲特非常注重企业会计指标

有人问巴菲特，如果只能选择一种指标去投资，你会用什么？巴菲特毫不犹豫地说："**股东投资回报率 ROE。**"

本书解读了 10 个主要会计指标，第一部分第 8 个指标就是"**股东投资回报率 ROE = 净利润 / 平均股东权益合计 ×100%**"。

会计的本质

会计的本质是"数据分类自检"。"数据分类自检"基于簿记的基本特质，它使得会计可区别于其他学科或行业。

—— 汪致正

认识规律，掌握方法，远比背记繁杂的知识重要。

—— 汪致正

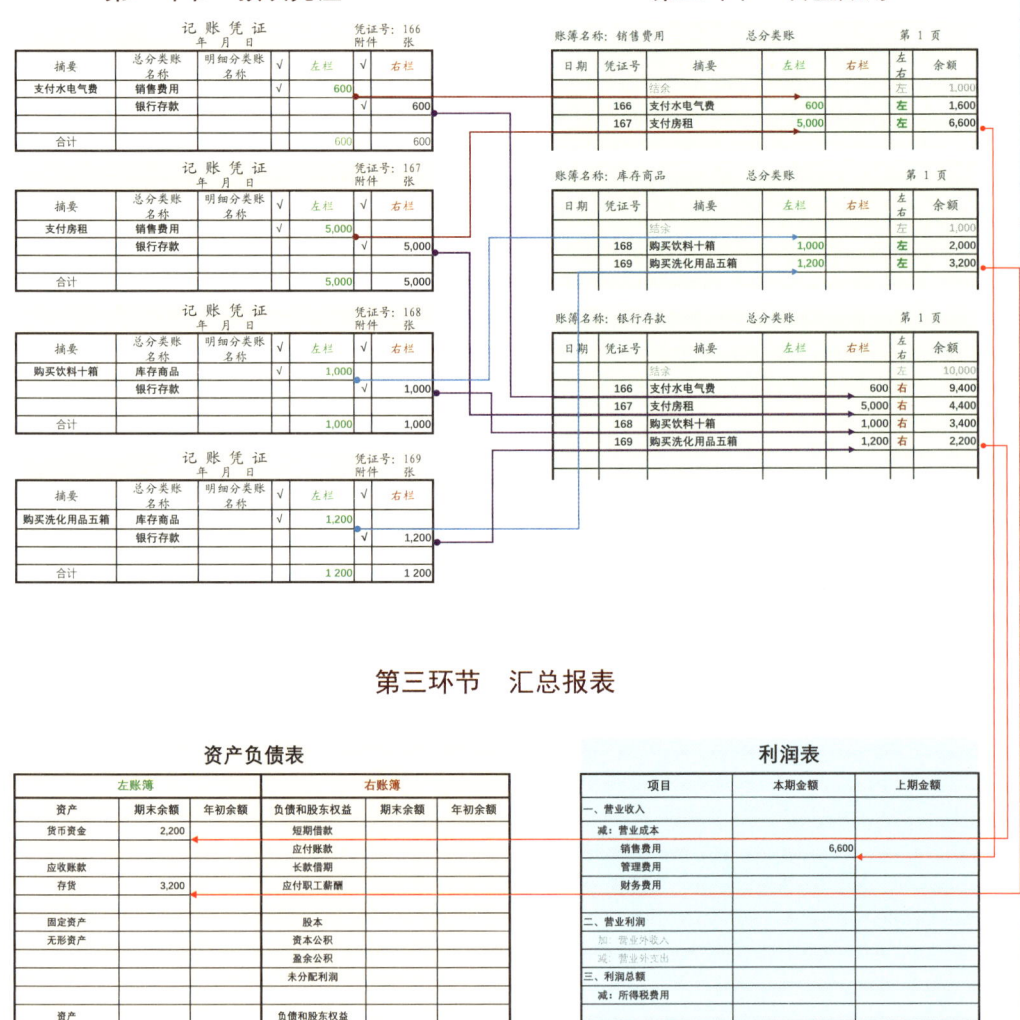

会计的本质是"数据分类自检"。"数据分类自检"基于簿记的基本特质,它使得会计可区别于其他学科或行业。

导　读

这是一本容易读、容易记、容易用的会计入门书。

不同的人士想学会计的需求不同：企业股东，股民，以及银行、税务和上级管理机构等债权人希望从分析报表中了解企业的经营状况；企业管理者希望能用简便易行的方法，测算出企业的盈亏状况，以便分解任务，实现目标；也有会计从业人员希望能更清晰地了解会计数据是如何产生、如何自检的；还有人想了解与会计相关的其他内容，故此本书设置了若干入口。

本书的前三个入口采用表格形式讲解：入口一介绍计算"财务指标"的方法，将某表某项与某表某项加减乘除即可直接得出分析结果；入口二介绍"测算盈亏"的方法，运用本书预定的设计步骤可在 Excel 中快捷测算盈亏结果；入口三介绍便于理解和操作的完备且易用的复式记账法。

根据本书的特点导读如下：

1. 为体现"至简"风格，本书所列图表均不统一排序，仅用"表1"代表"资产负债表""表2"代表"利润表""表3"代表"现金流量表"及类似体例简单排序。

2. 入口一"财务分析"未列出的指标可参照范例设定，入口二"测算盈亏"可在 Excel 中直接增减项目。与本书不直接相关的会计报表项目，一般淡化或省略。

3. "表1 资产负债表""表2 利润表"和"表3 现金流量表"的外侧与报表项目相关的数字，表示某表某项与相关表某项相勾稽。例如，P7、P9、P11。

4. "表1 资产负债表""表2 利润表""表3 现金流量表"的外侧与账簿相关的数字，表示某表某项的金额来自相关账簿的余额。例如，P184、P186、P188。

5. 本书依据会计等式，将所有账簿自然分为**左右**账簿。全书**左账簿**的**增加额**用**绿色**表示，**右账簿**的**增加额**用**橙色**表示，**所有账簿**的**减少额**都用**黑色**表示。

6. 为显示账簿登记的延续型，每一本账簿的序号后加"第×笔"，例如，"001第6笔，银行存款"，表示序号"001"的"银行存款"账簿，已经登记"第6笔"。

7. 为表示账簿登记的延续型，每一个账簿的黑色字都是当次登记的新内容，而灰色字则是上一笔登记的旧内容。

本书侧重讲解原理和方法，以便读者举一反三。考虑到非会计专业人士的需求和学习效果，对多次修改过的知识性术语，有个别处使用大众语言，但通俗表述方式与会计准则或文件规定的术语内涵一致，且加以说明，术语请以最新规定为准。

对于本书的不足之处，敬请各位专家、学者不吝赐教，以便笔者修改完善。

概 目

入口一 第一部分 看报表——财务分析十项指标 1
第一章 财务指标 3
第二章 财务报表 5
第三章 财务分析（四种能力、十项指标） 12

入口二 第二部分 测盈亏——目标倒推十步联动 65
第一章 测算要素 66
第二章 测算方法（本量利分析法、目标倒推法） 80

入口三 第三部分 学记账——触类旁通十个范例 91
第一章 记账原理 92
第二章 记账方法 100
第三章 记账工具 112
第四章 记账环节 123
第五章 记账范例（十个范例+特例） 133
第六章 编制会计报表 184

入口四 第四部分 学完验——实战检验自我评判 189
一、看报表 练习答案 实战自评12例 190
二、测盈亏 练习答案 实战自评8例 203
三、学记账 练习答案 实战自评14例 211

入口五 第五部分 知术语——了解常识免被忽悠 235

附 录 241
一、左右记账法（英、德、日） 242
二、左右账簿分类表 251
三、会计演进简史 253
四、巴菲特指标 268

后 记 271

细 目

第一部分 看报表——财务分析十项指标 1

第一章 财务指标 3

第二章 财务报表 5

　第一节 资产负债表 6

　第二节 利润表 8

　第三节 现金流量表 10

第三章 财务分析 12

　第一节 偿债能力 12

　　一、资产负债率／资产权益倍数 12

　　二、速动比率 16

　　三、现金流动负债比率 20

　　四、现金付息倍数 24

　第二节 营运能力 28

　　五、营运资金周转次数 28

　　六、营运资金需求总量 44

　第三节 盈利能力 48

　　七、营业收入净利率 48

　　八、股东投资回报率 52

　第四节 发展能力 56

　　九、营业收入增长率 56

　　十、净利润增长率 60

第二部分 测盈亏——目标倒推十步联动 65

第一章 测算要素 66

　第一节 收入 66

　第二节 支出 68

第三节　税金 72
　　　一、增值税 72
　　　二、税金及附加 76
　　　三、所得税 77
　　第四节　利润 78
第二章　测算方法 80
　　第一节　本量利分析法 80
　　第二节　目标倒推法 82
　　　一、销售企业盈亏测算范例 82
　　　二、生产企业盈亏测算范例 86

第三部分　学记账——触类旁通十个范例 91
第一章　记账原理 92
　　第一节　记账方法的分类 94
　　　一、流水记账法 94
　　　二、分类记账法 96
　　第二节　记账方法的比较 98
　　　一、比较完备性 98
　　　二、比较易用性 98
　　　三、比较兼容性 98
第二章　记账方法 100
　　第一节　五大类账簿 100
　　第二节　账簿名称 101
　　第三节　会计等式 104
　　第四节　左右记账法 104
第三章　记账工具 112
　　第一节　记账凭证 112
　　第二节　分类账簿 114

  一、日记账簿 114
  二、分类账簿 115
 第三节 会计报表 120
  一、资产负债表 120
  二、利润表 121
  三、现金流量表 122

第四章 记账环节 123
 第一节 填制凭证 124
  一、选择账簿名称 124
  二、选择金额栏目 126
 第二节 转登账簿 129
 第三节 编制报表 130

第五章 记账范例 133
 第一节 股东投资范例 133
  一、填制凭证 134
  二、转登账簿 135
 第二节 借款范例 138
  一、填制凭证 138
  二、转登账簿 139
 第三节 购置固定资产范例 141
  一、填制凭证 141
  二、转登账簿 142
 第四节 采购商品范例 145
  一、填制凭证 146
  二、转登账簿 147
 第五节 销售收入范例 150
  一、填制凭证 151

二、转登账簿 152

第六节　支付费用范例 155
　　一、填制凭证 156
　　二、转登账簿 156

第七节　结转成本范例 160
　　一、填制凭证 161
　　二、转登账簿 162

第八节　缴纳所得税范例 165
　　一、填制凭证 165
　　二、转登账簿 166

第九节　结算利润范例 169
　　一、填制凭证 169
　　二、转登账簿 171

第十节　转入未分配利润范例 176
　　一、填写凭证 176
　　二、转登账簿 177

第十一节　特殊范例　固定资产折旧、清理、出售 179
　　一、计提固定资产折旧 179
　　二、清理固定资产 181
　　三、出售固定资产 183

第六章　编制会计报表 184
　第一节　资产负债表 184
　第二节　利润表 186
　第三节　现金流量表 188

第四部分　学完验——实战检验自我评判 189
　一、看报表　练习答案　实战自评 12 例 190
　二、测盈亏　练习答案　实战自评 8 例 203

三、学记账　练习答案　实战自评 14 例 211

第五部分　知术语——了解常识免被忽悠 235

附录 241

　　一、左右记账法 242

　　　　（一）英文 242

　　　　（二）德文 245

　　　　（三）日文 248

　　二、左右账簿分类表 251

　　　　（一）企业会计 251

　　　　（二）预算会计 252

　　三、会计演进简史 253

　　四、巴菲特指标 268

后记 271

第一部分

看报表——财务分析十项指标

第一章　财务指标

财务会计侧重财务分析。企业需要设计一些财务指标来分析经营状况，企业体检表提供了分析四种能力的财务指标，通过资产负债表、利润表和现金流量表中的数据可很方便地计算出结果。

本书第三章会逐一讲解如何计算**偿债能力**、**营运能力**、**盈利能力**和**发展能力**的十项指标。

为了便于理解和自评，特绘制以下两表：

1. **企业体检表**——财务分析对照表

	序号	指标名称	一般指标	行业参考值	企业自检值
偿债能力	1	资产负债率	60%-70%		
	2	速动比率	>1（倍）		
	3	现金流动负债比率	>0.5（倍）		
	4	现金付息倍数	>2（倍）		
营运能力	5	营运资金周转次数	>3（次）		
	①	存货周转天数	<120（天）		
	②	应收账款周转天数	<120（天）		
	③	应付账款周转天数			
	6	营运资金需求总量	企业自定		
盈利能力	7	营业收入净利率	>10%		
	8	股东投资回报率	>8%		
发展能力	9	营业收入增长率	成长期>9% 稳健期5%-10% 衰退期<5%		
	10	净利润增长率	企业自定		

这张表参照一般在医院进行体检的体检表中的"体检指标名称、正常值、检查结果"，对应列出了企业进行财务分析的"指标名称、一般指标、行业参考值、企业对照值"。"一般指标"是指一般企业通用的财务指标，但不同行业会有差异，不同规模也会有不同，各企业要根据本企业实际情况先行调研，然后设定适合本

企业的"行业参考值"作为检测依据。

2.财务指标涉及的报表

这张表可以方便地让企业的投资者、债权人和管理者等了解十项指标（含二级指标）涉及哪一个表或哪两个报表，知道各个指标分别是由哪一个表或哪两个报表的哪几个数据通过加、减、乘、除计算出来的结果。

	序号	指标名称	资产负债表	利润表	现金流量表
偿债能力	1	资产负债率	●●		
	2	速动比率	●●●		
	3	现金流动负债比率	●		●
	4	现金付息倍数		●	●
营运能力	5	营运资金周转次数	●●●	●●●	
	①	存货周转天数	●	●	
	②	应收账款周转天数	●	●	
	③	应付账款周转天数	●	●	
	6	营运资金需求总量	●	●	
盈利能力	7	营业收入净利率		●●	
	8	股东投资回报率	●	●	
发展能力	9	营业收入增长率		●	
	10	净利润增长率		●	

由于不同企业的需求各异，管理者可在掌握这十个指标范例的基础上，根据实际需求，请本企业的财会人员设定其他指标。

第二章 财务报表

为了全面、直接地反映企业的经济数据,设计了会计报表,这些报表数据主要源自各个分类账簿的余额。会计报表既可以直接读取数据,更可以计算出一些会计指标,来检查企业经营的整体情况。

最常见的会计报表有资产负债表、利润表和现金流量表。

三张报表之间存在勾稽关系。

勾,原为钩字,相关联的意思,引申为研究、探寻。
稽:核查。

勾稽关系是指三张会计报表的数据之间的自然对应检验关系。如果报表内部或报表之间的相关数据不一致,说明报表的编制存在问题。

下面三张报表的*外侧数字*显示出报表之间的勾稽关系。

不同时期、国别的财务报表中,报表大类的位置会随会计准则的修改而有所调整,但都必须符合会计等式。

第一节 资产负债表

资产负债表反映出某一日期,企业经营者用于挣钱的钱物与借和欠的钱物＋股东钱物之间的平衡关系。**资产负债表**是根据基本会计等式设计的。

$$资产 = 股东权益 + 负债$$

资产是指企业可支配的用于获利的钱、物。企业**资产**的一部分属于股东(投资者),称为**股东权益**或**所有者权益**;企业资产的另一部分属于债权人,称为**负债**。

资产负债表的左栏(资产)和右栏(股东权益＋负债)的总额应该**平衡**,如果"资产"总计和"股东权益＋负债"总计不平衡,一定存在错记的地方。但是平衡了不一定全对,例如,在两个账簿上重复登记一样的数字,仍然表现为平衡。这张报表同时提供了三大类分类账簿的各自综合数据和三大类的总额,这样可以有助于宏观、全面地掌握企业的资产和负债状况,作出正确的经营决策。

资产负债表展示了经营者所使用的企业资产来源于两部分:
第一部分来源于债权人的债权,,包括企业向债权人借来的或欠着尚未支付的部分;
第二部分来源于投资者的所有权,称作所有者权益,包括的内容见下图。

"资产负债表"还可以让所有企业外部的使用者在最短时间内全面了解企业财务状况。假如公司要贷款,银行首先要看资产负债表的资产中,有多少属于企业自有的(股东权益)?有多少是借入或应付的(负债)?资产和负债的比例是多少?

表1 资产负债表

勾稽关系		资产	期末余额	年初余额		负债和股东权益	期末余额	年初余额	勾稽关系
		流动资产：				流动负债：			
表3-115	1	货币资金	111,914.00	500,423.00	32	短期借款	1,100,000.00	1,100,000.00	
	2	交易性金融资产	1,000,000.00	1,000,000.00	33	交易性金融负债			
	3	应收票据	1,673,428.00	73,428.00	34	应付票据	765,859.00	45,000.00	
	4	应收账款	1,619,060.00	236,290.00	35	应付账款	1,087,260.00	783,260.00	
	5	预付款项	40,000.00	40,000.00	36	预收账款			
	6	应收利息	86,359.00	86,359.00	37	应付职工薪酬	225,790.00	214,900.00	
	7	应收股利	26,890.00	25,690.00	38	应交税费	1,049,179.00	865,433.00	
	8	其他应收款	1,550,909.00	607,680.00	39	应付利息	45,698.00	45,698.00	
	9	存货	2,458,725.00	2,897,854.00	40	应付股利			
	10	一年到期非流动资产			41	其他应付款	598,574.00	598,574.00	
	11	其他流动资产			42	一年到期非流动负债			
	12	流动资产合计	8,567,285.00	5,467,724.00	43	其他流动负债			
		非流动资产：			44	流动负债合计	4,872,360.00	3,652,865.00	
	13	可供出售金额资产				非流动负债：			
	14	持有至到期投资			45	长期借款	6,860,000.00	860,000.00	
	15	长期应收款			46	应付债券	100,000.00	100,000.00	
	16	长期股权投资	916,537.00	896,537.00	47	长期应付款			
	17	投资性房地产	6,731,273.00	6,531,273.00	48	专项应付款			
	18	固定资产	9,498,659.00	5,758,434.00	49	预计负债			
	19	在建工程	10,642,492.00	8,098,777.00	50	递延所得税负债			
	20	工程物资	98,757.00	98,757.00	51	其他非流动负债			
	21	固定资产清理			52	非流动负债合计	6,960,000.00	960,000.00	
	22	生产性生物资产			53	负债合计	11,832,360.00	4,612,865.00	
	23	油气资产				股东权益(所有者权益)：			
	24	无形资产	637,536.00	647,536.00	54	股本（实收资本）	20,000,000.00	20,000,000.00	
	25	开发支出			55	资本公积	1,466,142.00	1,366,142.00	
	26	商誉			56	减：库存股			
	27	长期待摊费用	67,987.00	69,987.00	57	盈余公积	268,239.60	41,039.00	表2-75
	28	递延所得税资产			58	未分配利润	3,593,784.40	1,548,979.00	
	29	其他非流动资产			59	股东权益合计	25,328,166.00	22,956,160.00	
	30	非流动资产合计	28,593,241.00	22,101,301.00					
	31	资产总计	37,160,526.00	27,569,025.00	60	负债和股东权益总计	37,160,526.00	27,569,025.00	

* 本页左侧的"表3-115"表示"表1的第1项，货币资金"与"表3的第115项，六、期末现金及现金等价物余额"相勾稽（P11左侧下方）。

第二节 利润表

利润表，也叫损益表，反映企业赚钱的能力，即盈利能力。利润表可以反映企业在一定期间销售或生产经营得到的净利润，据以判断企业投资回报的效果。一定期间内的净利润是收入和支出（广义费用）相关因素加减的结果。换句话说，利润表体现的是企业在一定时期内盈利的情况，是赔是赚，一目了然。

但是作为老板，必须明白利润并不是个实在的东西。如果不能正确面对它，企业的前景是非常令人担心的。

需要注意，利润是虚数字，要结合现金流量表的数据进行分析。

例如，给一个客户开出去5万元的发票，今年的利润就把这5万元算进去了。可对方迟迟不付款，一直拖到明年才付，或者客户出于特殊原因不能付款了，怎么办？这个利润就是虚的！是不能充分说明是否真的赚钱的。

还需要考虑：哪些是费用？费用和成本之间是什么关系？哪些费用是可以计入成本的？哪些是不可以计入的？这在税务处理方面很重要。

表2 利润表

勾稽关系		项目	本期金额	上期金额
	61	一、营业收入	10,600,066.00	9,600,006.00
	62	减：营业成本	5,465,300.00	5,405,195.60
	63	营业税金及附加	200,000.00	190,000.00
		城建税		
		教育费附加		
		地方教育附加费		
	64	销售费用	583,530.00	500,002.40
	65	管理费用	1,151,830.00	700,000.00
	66	财务费用	300,000.00	490,000.00
	67	资产减值损失（损失以"－"号填列）		
	68	加：公允价值变动收益（损失以"－"号填列）	10,135.00	100,000.00
	69	投资收益（损失以"－"号填列）	120,000.00	225,200.00
	70	二、营业利润（亏损以"－"号填列）	3,029,541.00	2,640,008.00
	71	加：营业外收入		
	72	减：营业外支出	200.00	0.00
	73	三、利润总额（亏损以"－"号填列）	3,029,341.00	2,640,008.00
	74	减：所得税费用	757,335.00	660,002.00
表1-57、58	75	四、净利润（亏损以"－"号填列）	2,272,006.00	1,980,006

* 表2的75项与表1的57和58项相勾稽，例如，
 2,272,006.00 =（3,593,784.40+268,239.60）-（1,548,979.00+41,039.00）

第三节　现金流量表

现金流量表反映了企业在一个时间段内现金流入、流出的基本情况。通过这张表可以清楚地看到：

一是企业利润的质量，现金流量是一个客观数据，真金白银在那摆着，相对而言较难做假；

二是企业运用资金的能力，为什么缺钱，钱用到哪去了，用得是否合理；

三是企业用现金偿还债务的能力。这张表对企业老板和企业经营者来说尤其重要。

一般说来，大公司的现金流量表主表上有四大板块，构成公司的全部现金流：经营活动产生的现金流量；投资活动产生的现金流量；筹资活动产生的现金流量；汇率变动对现金及现金等价物的影响。作为一个生产或销售的实体企业，经营活动产生的现金流量是最主要的。

现金流量表有说明企业经营状态的重要数据。如果一家企业通过经营活动产生的现金流无法支付利息和日常工资及应付款项，那么企业老板和股东就必须要提高警惕了，说明这家企业从长期来看无法维持正常情况下的支出。应该立即采取相关措施，调整经营策略。

表 3　　　　　　　　　　　现金流量表（主表）

勾稽关系		项目	本期金额	上期金额
		一、经营活动产生的现金流量：		
	81	销售商品、提供劳务收到的现金	9,419,307.22	
	83	收到其他与经营活动有关的现金		
	84	经营活动现金流入小计	9,419,307.22	
	85	购买商品、接受劳务支出支付的现金	4,855,761.07	5,921,761.07
	86	支付给职工以及为职工支付的现金	1,066,000.00	
	87	支付的各项税费	1,721,151.15	
	88	支付其他与经营活动有关的现金	1,599,899.00	
	89	经营活动现金流出小计	9,242,811.22	
	90	经营活动产生的现金流量净额	176,496.00	
		二、投资活动产生的现金流量：		
	92	取得投资收益收到的现金	118,800.00	
	95	收到其他与投资活动有关的现金		
	96	投资活动现金流入小计	118,800.00	
	97	购建固定资产、无形资产和其他长期资产支付的现金	5,973,940.00	
	98	投资支付的现金	220,000.00	
	101	投资活动现金流出小计	6,193,940.00	
	102	投资活动产生的现金流量净额	-6,075,140.00	
		三、筹资活动产生的现金流量：		
	103	吸收投资收到的现金	-	
	104	取得借款收到的现金	6,000,000.00	
	105	收到其他与筹款活动有关的现金	2,000.00	
	106	筹资活动现金流入小计	6,002,000.00	
	108	分配股利、利润和偿付利息支付的现金	448,826.00	
	109	支付其他与筹资活动有关的现金	43,039.00	
	110	筹资活动现金流出小计	491,865.00	
	111	筹资活动产生的现金流量净额	5,510,135.00	
		四、汇率变动对现金及现金等价物的影响：		
		五、现金及现金等价物净增加额：	-388,509.00	
	114	加：期初现金及现金等价物余额	500,423.00	
表1-1	115	六、期末现金及现金等价物余额：	111,914.00	550,423.00

* 表3-115与表1-1勾稽的前提是，企业不存在定期存款不能及时变现以及不存在可以划分现金等价物的短期债券投资等。

第三章　财务分析

最基本的财务分析需要分析四种能力、十项指标。其他指标可以举一反三。

第一节　偿债能力

偿债能力是企业生存的前提和基础。其强弱通过资产负债率、速动比率、现金流动负债比率、现金付息倍数四项指标得到体现。

一、资产负债率 / 资产权益倍数

资产负债率，又称负债资产比，是负债总额与资产总额的比率，表示在资产总额中，企业欠债的比率。它反映企业长期的偿债能力，主要用来衡量企业清产核算时对债权人利益的保护程度。

这一指标一般在 60%—70% 比较合理、稳健，大于 85% 达到预警线，大于 100%，表明已经资不抵债，债权人风险极大。但这一指标要看行业，例如，房地产等行业这一指标就很高，需要同业比较才能得出结论。

计算资产负债率的数据都在资产负债表上。

表1　　　　　　　　资产负债表

	资产	期末余额	年初余额		负债和股东权益	期末余额	年初余额
22	生产性生物资产			53	负债合计	11,832,360.00	4,612,865.00
31	资产总计	37,160,526.00	27,569,025.00	60	负债和股东权益总计	37,160,526.00	27,569,025.00

资产负债率 =（负债合计 / 资产总计）× 100%
=（11,832,360 / 37,160,526）× 100% ≈ 32%

分析：本企业资产负债率约为 32%，既可以视为稳健，也可以认为保守。

资产权益倍数，又称**权益乘数**，反映资产总额是股东权益总额的多少倍。资产权益倍数与资产负债率的关系如下：

资产权益倍数 = 资产总额 / 股东权益总计 = 1 / (1 − 资产负债率)

例如，当资产负债率为 50% 时，资产权益倍数为 2；资产负债率为 70% 时，资产权益倍数约为 3.33。

练习 1-1

请从下列财务报表中，选择适用的报表项目，计算并分析该企业的**资产负债率**。

练习表 1　　　　　　　　　　资产负债表

	资产	期末余额	年初余额		负债和股东权益	期末余额	年初余额
	流动资产：				流动负债：		
1	货币资金	660,073	500,423	32	短期借款	500,000	500,000
2	交易性金融资产			33	交易性金融负债		
3	应收票据	600,000	700,000	34	应付票据		
4	应收账款	1,106,356	1,000,000	35	应付账款	900,000	80,000
5	预付款项	2,542,041	630,000	36	预收账款		
6	应收利息	86,359	86,359	37	应付职工薪酬	160,558	214,900
8	其他应收款	2,560,800	1,446,657	38	应交税费	618,800	865,433
9	存货	1,662,000	1,820,000	39	应付利息	80,000	80,000
11	其他流动资产			41	其他应付款	100,050	63,100
12	流动资产合计	9,217,629	6,183,439	43	其他流动负债		
	非流动资产：			44	流动负债合计	2,359,408	1,803,433
15	长期应收款				非流动负债：		
16				45	长期借款	1,500,000	1,500,000
17				47	长期应付款		
18	固定资产	2,100,000	2,600,000	51	其他非流动负债		
19				52	非流动负债合计	1,500,000	1,500,000
				53	负债合计	3,859,408	3,303,433
					股东权益(所有者权益)：		
				54	股本(实收资本)	4,000,000	4,000,000
24				55	资本公积		
27				57	盈余公积	425,201	198,001
28				58	未分配利润	3,826,811	1,782,005
29	其他非流动资产	793,791	500,000	59	股东权益合计	8,252,012	5,980,006
30	非流动资产合计	2,893,791	3,100,000				
31	资产总计	12,111,420	9,283,439	60	负债和股东权益总计	12,111,420	9,283,439

练习表2　　　　　　　利润表

	项目	本期金额	上期金额
61	一、营业收入	10,600,066	9,600,006
62	减:营业成本	5,465,300	4,949,678
63	营业税金及附加	200,000	
64	销售费用		
65	管理费用		
66	财务费用		
67	资产减值损失		
68	加:公允价值变动（损失以"-"号填列）		
69	投资收益（损失以"-"号填列）		
70	二、营业利润（亏损以"-"号填列）		
71	加:营业外收入		
72	减:营业外支出		
73	三、利润总额（亏损以"-"号填列）		
74	减:所得税费用		
75	四、净利润（亏损以"-"号填列）		

练习表3　　　　　　　现金流量表（主表）

	项目	本期金额	上期金额
	一、经营活动产生的现金流量		
81	销售商品、提供劳务收到的现金	11,291,719	
83	收到其他与经营活动有关的现金		
84	经营活动现金流入小计	11,291,719	
85	购买商品、接受劳务支出支付的现金	5,627,300	
86	支付给职工以及为职工支付的现金	1,066,000	
87	支付的各项税费	2,135,344	
88	支付其他与经营活动有关的现金	1,935,560	
89	经营活动现金流出小计	10,764,204	
90	经营活动产生的现金流量净额	527,515	
	二、投资活动产生的现金流量		
92	取得投资收益收到的现金	225,200	
95	收到其他与投资活动有关的现金		
96	投资活动现金流入小计	225,200	
101	投资活动现金流出小计		
102	投资活动产生的现金流量净额	225,200	
	三、筹资活动产生的现金流量		
105	收到其他与筹款活动有关的现金	2,000	
106	筹资活动现金流入小计	2,000	
108	分配股利、利润和偿付利息支付的现金	595,065	
109	支付其他与筹资活动有关的现金		
110	筹资活动现金流出小计	595,065	
111	筹资活动产生的现金流量净额	-593,065	
	四、汇率变动对现金及现金等价物的影响		
	五、现金及现金等价物净增加额	159,650	
114	加：期初现金及现金等价物余额	500,423	
115	六、期末现金及现金等价物余额	660,073	500,423

*本书的练习题中，表2、表3仅供读者熟悉练习相关指标的计算方法使用，故部分数字省略或重复。

二、速动比率

速动比率反映的是企业在较短时间内将速动资产变现，用于偿还流动负债的能力。

速动资产是指货币现金、应收票据、应收账款和其他应收款项等可以快速变现的流动资产，主要是除去**流动资产**中的库存商品和预付账款。

流动负债是指短期内需支付的借款或欠款，在资产负债表上可以清楚地看到。

通常情况下，速动资产应大于流动负债合计，即一般指标大于 1（倍），才能够保证及时还债。计算速动比率的数据也都在资产负债表上。

表1　　　　　　　　　　　　　资产负债表

	资产	期末余额	年初余额		负债和股东权益	期末余额	年初余额
1	货币资金	111,914.00	500,423.00	32	短期借款	1,100,000.00	1,100,000.00
2	交易性金融资产	1,000,000.00	1,000,000.00	33	交易性金融负债		
3	应收票据	1,673,428.00	73,428.00	34	应付票据	765,859.00	45,000.00
4	应收账款	1,619,060.00	236,290.00	35	应付账款	1,087,260.00	783,260.00
				44	流动负债合计	4,872,360.00	3,652,865.00

速动比率 = 速动资产 / 流动负债合计

= (货币资金 + 交易性金融资产 + 应收票据 + 应收账款) / 流动负债合计

= (111,914 + 1,000,000 + 1,673,428 + 1,619,060) / 4,872,360

≈ 0.90

分析：短时期内该公司将速动资产变现用来偿还流动负债的比率约是 0.90，基本上接近满足偿还流动负债的要求。

练习 1-2

请从下列财务报表中，选择适用的报表项目，计算、分析该企业的**速动比率**。

练习表1　　　　　　　　　　　　资产负债表

	资产	期末余额	年初余额		负债和股东权益	期末余额	年初余额
	流动资产：				**流动负债：**		
1	货币资金	660,073	500,423	32	短期借款	500,000	500,000
2	交易性金融资产			33	交易性金融负债		
3	应收票据	600,000	700,000	34	应付票据		
4	应收账款	1,106,356	1,000,000	35	应付账款	900,000	80,000
5	预付款项	2,542,041	630,000	36	预收账款		
6	应收利息	86,359	86,359	37	应付职工薪酬	160,558	214,900
8	其他应收款	2,560,800	1,446,657	38	应交税费	618,800	865,433
9	存货	1,662,000	1,820,000	39	应付利息	80,000	80,000
11	其他流动资产			41	其他应付款	100,050	63,100
12	流动资产合计	9,217,629	6,183,439	43	其他流动负债		
	非流动资产：			44	流动负债合计	2,359,408	1,803,433
15	长期应收款				**非流动负债：**		
16				45	长期借款	1,500,000	1,500,000
17				47	长期应付款		
18	固定资产	2,100,000	2,600,000	51	其他非流动负债		
19				52	非流动负债合计	1,500,000	1,500,000
				53	负债合计	3,859,408	3,303,433
					股东权益(所有者权益)：		
				54	股本(实收资本)	4,000,000	4,000,000
24				55	资本公积		
27				57	盈余公积	425,201	198,001
28				58	未分配利润	3,826,811	1,782,005
29	其他非流动资产	793,791	500,000	59	股东权益合计	8,252,012	5,980,006
30	非流动资产合计	2,893,791	3,100,000				
31	资产总计	12,111,420	9,283,439	60	负债和股东权益总计	12,111,420	9,283,439

练习表2　　　　　　　利润表

	项目	本期金额	上期金额
61	一、营业收入	10,600,066	9,600,006
62	减:营业成本	5,465,300	4,949,678
63	营业税金及附加	200,000	
64	销售费用		
65	管理费用		
66	财务费用		
67	资产减值损失		
68	加:公允价值变动（		
69	投资收益（损失		
70	二、营业利润（亏损		
71	加:营业外收入		
72	减:营业外支出		
73	三、利润总额（亏损		
74	减：所得税费用		
75	四、净利润（亏损以"		

练习表3　　　　　　现金流量表（主表）

	项目	本期金额	上期金额
	一、经营活动产生的现金流量		
81	销售商品、提供劳务收到的现金	11,291,719	
83	收到其他与经营活动有关的现金		
84	经营活动现金流入小计	11,291,719	
85	购买商品、接受劳务支出支付的现金	5,627,300	
86	支付给职工以及为职工支付的现金	1,066,000	
87	支付的各项税费	2,135,344	
88	支付其他与经营活动有关的现金	1,935,560	
89	经营活动现金流出小计	10,764,204	
90	经营活动产生的现金流量净额	527,515	
	二、投资活动产生的现金流量		
92	取得投资收益收到的现金	225,200	
95	收到其他与投资活动有关的现金		
96	投资活动现金流入小计	225,200	
101	投资活动现金流出小计		
102	投资活动产生的现金流量净额	225,200	
	三、筹资活动产生的现金流量		
105	收到其他与筹款活动有关的现金	2,000	
106	筹资活动现金流入小计	2,000	
108	分配股利、利润和偿付利息支付的现金	595,065	
109	支付其他与筹资活动有关的现金		
110	筹资活动现金流出小计	595,065	
111	筹资活动产生的现金流量净额	-593,065	
	四、汇率变动对现金及现金等价物的影响		
	五、现金及现金等价物净增加额	159,650	
114	加：期初现金及现金等价物余额	500,423	
115	六、期末现金及现金等价物余额	660,073	500,423

三、现金流动负债比率

现金流动负债比率反映的是企业依靠现金偿还短期债务的能力。表示每偿还 1 元流动负债所需要的"经营活动产生的现金流量"。

现金流动负债比率的一般指标应大于 0.5。短期债权人对企业这项指标最为关注。

如果这个指标过低，表明企业依靠现金偿还短期负债的压力比较大；如果这个指标过高，则表明企业流动资金没有得到充分利用，获利能力偏弱。当然，由于行业之间经营性质不同，获取现金流量的差别很大。

计算现金流动负债比率的数据涉及两张报表：现金流量表和资产负债表。

表 3　　　　　　　　　现金流量表（主表）

	项目	本期金额	上期金额
	一、经营活动产生的现金流量：		
90	经营活动产生的现金流量净额	176,496.00	

表1　　　　　　　　　　资产负债表

	资产	期末余额	年初余额		负债和股东权益	期末余额	年初余额
11	其他流动资产			42	一年到期非流动负债		
12	流动资产合计	-	-	43	其他流动负债		
				44	流动负债合计	4,872,360.00	3,652,865.00

现金流动负债比率

= 经营活动产生的现金流量净额 / 期末流动负债

= 176,496 / 4,872,360

≈ 0.04

分析：现金流动负债比率约为 0.04。分析数据说明了公司依靠经营活动产生的现金偿还短期流动负债的能力非常差，这是个大问题，就像在医学检查中，做 CT 查出个大病灶。要记住这个大问题，最后所有数据核算完了，综合分析。

现金流动负债比率反映企业用现金偿还短期债务的能力。

指标太低,说明还债压力较大。

指标太高,说明资金利用还有空间。

现金流动负债比非常差,就像做CT查出大病灶。

练习 1-3

请从下列财务报表中，选择适用的报表项目，计算、分析该企业**现金流动负债比率**。

练习表1　　　　　　　　　　资产负债表

	资产	期末余额	年初余额		负债和股东权益	期末余额	年初余额
	流动资产：				**流动负债：**		
1	货币资金	660,073	500,423	32	短期借款	500,000	500,000
2	交易性金融资产			33	交易性金融负债		
3	应收票据	600,000	700,000	34	应付票据		
4	应收账款	1,106,356	1,000,000	35	应付账款	900,000	80,000
5	预付款项	2,542,041	630,000	36	预收账款		
6	应收利息	86,359	86,359	37	应付职工薪酬	160,558	214,900
8	其他应收款	2,560,800	1,446,657	38	应交税费	618,800	865,433
9	存货	1,662,000	1,820,000	39	应付利息	80,000	80,000
11	其他流动资产			41	其他应付款	100,050	63,100
12	流动资产合计	9,217,629	6,183,439	43	其他流动负债		
	非流动资产：			44	流动负债合计	2,359,408	1,803,433
15	长期应收款				**非流动负债：**		
16				45	长期借款	1,500,000	1,500,000
17				47	长期应付款		
18	固定资产	2,100,000	2,600,000	51	其他非流动负债		
19				52	非流动负债合计	1,500,000	1,500,000
				53	负债合计	3,859,408	3,303,433
					股东权益(所有者权益)：		
				54	股本(实收资本)	4,000,000	4,000,000
24				55	资本公积		
27				57	盈余公积	425,201	198,001
28				58	未分配利润	3,826,811	1,782,005
29	其他非流动资产	793,791	500,000	59	股东权益合计	8,252,012	5,980,006
30	非流动资产合计	2,893,791	3,100,000				
31	资产总计	12,111,420	9,283,439	60	负债和股东权益总计	12,111,420	9,283,439

练习表3　　　　　　　　现金流量表（主表）

	项目	本期金额	上期金额
	一、经营活动产生的现金流量		
81	销售商品、提供劳务收到的现金	11,291,719	
83	收到其他与经营活动有关的现金		
84	经营活动现金流入小计	11,291,719	
85	购买商品、接受劳务支出支付的现金	5,627,300	
86	支付给职工以及为职工支付的现金	1,066,000	
87	支付的各项税费	2,135,344	
88	支付其他与经营活动有关的现金	1,935,560	
89	经营活动现金流出小计	10,764,204	
90	经营活动产生的现金流量净额	527,515	
	二、投资活动产生的现金流量		
92	取得投资收益收到的现金	225,200	
95	收到其他与投资活动有关的现金		
96	投资活动现金流入小计	225,200	
101	投资活动现金流出小计		
102	投资活动产生的现金流量净额	225,200	
	三、筹资活动产生的现金流量		
105	收到其他与筹款活动有关的现金	2,000	
106	筹资活动现金流入小计	2,000	
108	分配股利、利润和偿付利息支付的现金	595,065	
109	支付其他与筹资活动有关的现金		
110	筹资活动现金流出小计	595,065	
111	筹资活动产生的现金流量净额	-593,065	
	四、汇率变动对现金及现金等价物的影响		
	五、现金及现金等价物净增加额	159,650	
114	加：期初现金及现金等价物余额	500,423	
115	六、期末现金及现金等价物余额	660,073	500,423

四、现金付息倍数

现金付息倍数，又称现金流量利息保障倍数，表示支付 1 元债务利息需要多少经营活动产生的现金流量作保障，反映企业以保证付息来维持偿还债务的能力。

参考预警指标一般不得低于 **2.0**，以保证支付利息。如果企业一直保持按期付息，则长期负债可以延续，再借新债也比较容易。

计算现金付息倍数的数据主要来自现金流量表和利润表。

表3　　　　　　　　现金流量表（主表）

项目	本期金额	上期金额
一、经营活动产生的现金流量		
90　经营活动产生的现金流量净额	176,496.00	

表2　　　　　　　　利润表

项目	本期金额	上期金额
66　减：财务费用	300,000.00	

现金付息倍数

= 经营活动产生的现金流量净额 / 本期全部债务利息

= 176,496 / 300,000

≈ 0.59

分析：用"现金流量表"90 项 176,496 元除以"利润表"的第 66 项 300,000 元，得出公司的"现金付息倍数"约为 0.59，说明经营活动产生的现金才只有全部债务利息的 0.59 倍。大大低于预警指标 2.0 倍，企业的资金链很可能断裂。

练习 1-4

请从下列财务报表中，选择适用的报表项目，计算、分析该企业**现金付息倍数**。

练习表2　　　　　　　利润表

	项目	本期金额	上期金额
61	一、营业收入	10,600,066	9,600,006
62	减:营业成本	5,465,300	4,949,678
63	营业税金及附加	200,000	
64	销售费用	583,530	
65	管理费用	1,151,830	
66	财务费用	595,065	
67	资产减值损失		
68	加:公允价值变动（损失以"-"号填列）	200,000	
69	投资收益（损失以"-"号填列）	225,200	
70	二、营业利润（亏损以"-"号填列）	3,029,541	
71	加:营业外收入		
72	减:营业外支出	200	
73	三、利润总额（亏损以"-"号填列）	3,029,341	
74	减：所得税费用	757,335	
75	四、净利润（亏损以"-"号填列）	2,272,006	1,980,006

练习表3　　　　　　　　　现金流量表（主表）

	项目	本期金额	上期金额
	一、经营活动产生的现金流量		
81	销售商品、提供劳务收到的现金	11,291,719	
83	收到其他与经营活动有关的现金		
84	经营活动现金流入小计	11,291,719	
85	购买商品、接受劳务支出支付的现金	5,627,300	
86	支付给职工以及为职工支付的现金	1,066,000	
87	支付的各项税费	2,135,344	
88	支付其他与经营活动有关的现金	1,935,560	
89	经营活动现金流出小计	10,764,204	
90	经营活动产生的现金流量净额	527,515	
	二、投资活动产生的现金流量		
92	取得投资收益收到的现金	225,200	
95	收到其他与投资活动有关的现金		
96	投资活动现金流入小计	225,200	
101	投资活动现金流出小计		
102	投资活动产生的现金流量净额	225,200	
	三、筹资活动产生的现金流量		
105	收到其他与筹款活动有关的现金	2,000	
106	筹资活动现金流入小计	2,000	
108	分配股利、利润和偿付利息支付的现金	595,065	
109	支付其他与筹资活动有关的现金		
110	筹资活动现金流出小计	595,065	
111	筹资活动产生的现金流量净额	-593,065	
	四、汇率变动对现金及现金等价物的影响		
	五、现金及现金等价物净增加额	159,650	
114	加：期初现金及现金等价物余额	500,423	
115	六、期末现金及现金等价物余额	660,073	500,423

第二节　营运能力

营运能力是反映企业健康情况的能力,它的强弱可以通过两项指标反映出来,即**营运资金周转次数和营运资金需求总量**。

五、营运资金周转次数

营运资金周转次数是企业营运能力的一个综合指标,它可以比较全面地反映企业运筹资金的状况。

一般情况下,每年大于 3 次就说明企业营运能力较好。

当然,经营者也要注意同业比较,不能拘泥于这个一般指标。与营运资金周转次数相关的指标主要有三项:**存货周转天数、应收账款周转天数、应付账款周转天数**。

下面先分别说明三项指标和计算公式,最后再说明综合指标"**营运资金周转次数**"和计算公式。

1. 存货周转天数

存货周转天数是影响营运资金周转次数的指标之一，它是指产品从入库到销售的周期，存货周期越短，也就是产品转换为现金或者应收账款的速度就越快。单独考虑这项指标时，每年应该以短于 120 天为宜。

计算存货周转天数涉及资产负债表和利润表的数据。

表1　　　　　　　　　资产负债表

	资产	期末余额	年初余额	负债和股东权益	期末余额	年初余额
9	存货	2,458,725.00	2,897,854.00	40　应付股利		

表2　　　　　　　　　利润表

	项目	本期金额	上期金额
62	减：营业成本	5,465,300.00	5,405,195.00

存货周转天数

= 平均存货 / 每天的营业成本

= [（存货期末余额 + 存货年初余额）/ 2] / 每天的营业成本

= [（ 2,458,725 + 2,897,854 ）/ 2] / (5,465,300 / 360)

≈ 176（天）

分析：存货周转天数越少越好，一般少于 120 天为好。176 天显然过长。

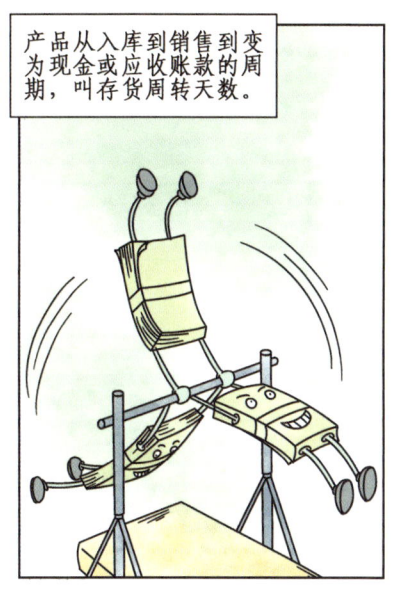

练习 1-5-1

请从下列报表中，选择适用的报表项目，计算、分析该企业的**存货周转天数**。

练习表1　　　　　　　　　　　**资产负债表**

	资产	期末余额	年初余额		负债和股东权益	期末余额	年初余额
	流动资产：				**流动负债：**		
1	货币资金	660,073	500,423	32	短期借款	500,000	500,000
2	交易性金融资产			33	交易性金融负债		
3	应收票据	600,000	700,000	34	应付票据		
4	应收账款	1,106,356	1,000,000	35	应付账款	900,000	80,000
5	预付款项	2,542,041	630,000	36	预收账款		
6	应收利息	86,359	86,359	37	应付职工薪酬	160,558	214,900
8	其他应收款	2,560,800	1,446,657	38	应交税费	618,800	865,433
9	存货	1,662,000	1,820,000	39	应付利息	80,000	80,000
11	其他流动资产			41	其他应付款	100,050	63,100
12	流动资产合计	9,217,629	6,183,439	43	其他流动负债		
	非流动资产：			44	流动负债合计	2,359,408	1,803,433
15	长期应收款				**非流动负债：**		
16				45	长期借款	1,500,000	1,500,000
17				47	长期应付款		
18	固定资产	2,100,000	2,600,000	51	其他非流动负债		
19				52	非流动负债合计	1,500,000	1,500,000
				53	负债合计	3,859,408	3,303,433
					股东权益（所有者权益）：		
				54	股本（实收资本）	4,000,000	4,000,000
24				55	资本公积		
27				57	盈余公积	425,201	198,001
28				58	未分配利润	3,826,811	1,782,005
29	其他非流动资产	793,791	500,000	59	股东权益合计	8,252,012	5,980,006
30	非流动资产合计	2,893,791	3,100,000				
31	资产总计	12,111,420	9,283,439	60	负债和股东权益总计	12,111,420	9,283,439

练习表2　　　　　　　　　利润表

	项目	本期金额	上期金额
61	一、营业收入	10,600,066	9,600,006
62	减:营业成本	5,465,300	4,949,678
63	营业税金及附加	200,000	
64	销售费用	583,530	
65	管理费用	1,151,830	
66	财务费用	595,065	
67	资产减值损失		
68	加:公允价值变动（损失以"-"号填列）	200,000	
69	投资收益（损失以"-"号填列）	225,200	
70	二、营业利润（亏损以"-"号填列）	3,029,541	
71	加:营业外收入		
72	减:营业外支出	200	
73	三、利润总额（亏损以"-"号填列）	3,029,341	
74	减：所得税费用	757,335	
75	四、净利润（亏损以"-"号填列）	2,272,006	1,980,006

2. 应收账款周转天数

应收账款周转天数是指应收票据、应收账款转换为现金的周期。周期越短，变现时间越快；周期过长，会影响资金正常周转和偿债能力。单独考虑此指标，以短于 **120 天**为宜。

同样，行业间有不同差异。应收账款周转天数涉及资产负债表和利润表的数据。

表1　　　　　　　　　　　资产负债表

	资产	期末余额	年初余额		负债和股东权益	期末余额	年初余额
3	应收票据	1,673,428.00	73,428.00	34	应付票据	765,859.00	45,000.00
4	应收账款	1,619,060.00	236,290.00	35	应付账款	1,087,260.00	783,260.00

表2　　　　　　　　　利润表

	项目	本期金额	上期金额
61	一、营业收入	10,600,066.00	5,405,195.00
62	减：营业成本	5,465,300.00	5,405,195.00

应收票据、应收账款周转天数

= 平均应收款 / 每天的营业收入

= [（应收票据期末余额 + 应收票据年初余额 + 应收账款期末余额

　+ 应收账款年初余额）/ 2] / 每天的营业收入

= [(1,673,428 + 73,428 + 1,619,060 + 236,290) / 2] / (10,600,066 / 360)

≈ 61(天)

分析：应收票据、应收账款周转天数约是 61 天，短于 120 天，表明该公司的应收账款变现速度还是不错的。

练习 1-5-2

请从下列报表中，选择适用的报表项目，计算、分析该企业的**应收账款周转天数**。

练习表1　　　　　　　　　　资产负债表

	资产	期末余额	年初余额		负债和股东权益	期末余额	年初余额
	流动资产：				**流动负债：**		
1	货币资金	660,073	500,423	32	短期借款	500,000	500,000
2	交易性金融资产			33	交易性金融负债		
3	应收票据	600,000	700,000	34	应付票据		
4	应收账款	1,106,356	1,000,000	35	应付账款	900,000	80,000
5	预付款项	2,542,041	630,000	36	预收账款		
6	应收利息	86,359	86,359	37	应付职工薪酬	160,558	214,900
8	其他应收款	2,560,800	1,446,657	38	应交税费	618,800	865,433
9	存货	1,662,000	1,820,000	39	应付利息	80,000	80,000
11	其他流动资产			41	其他应付款	100,050	63,100
12	流动资产合计	9,217,629	6,183,439	43	其他流动负债		
	非流动资产：			44	流动负债合计	2,359,408	1,803,433
15	长期应收款				**非流动负债：**		
16				45	长期借款	1,500,000	1,500,000
17				47	长期应付款		
18	固定资产	2,100,000	2,600,000	51	其他非流动负债		
19				52	非流动负债合计	1,500,000	1,500,000
				53	负债合计	3,859,408	3,303,433
					股东权益(所有者权益)：		
				54	股本(实收资本)	4,000,000	4,000,000
24				55	资本公积		
27				57	盈余公积	425,201	198,001
28				58	未分配利润	3,826,811	1,782,005
29	其他非流动资产	793,791	500,000	59	股东权益合计	8,252,012	5,980,006
30	非流动资产合计	2,893,791	3,100,000				
31	资产总计	12,111,420	9,283,439	60	负债和股东权益总计	12,111,420	9,283,439

练习表2　　　　　　　　　利润表

	项目	本期金额	上期金额
61	一、营业收入	10,600,066	9,600,006
62	减:营业成本	5,465,300	4,949,678
63	营业税金及附加	200,000	
64	销售费用	583,530	
65	管理费用	1,151,830	
66	财务费用	595,065	
67	资产减值损失		
68	加:公允价值变动（损失以"-"号填列）	200,000	
69	投资收益（损失以"-"号填列）	225,200	
70	二、营业利润（亏损以"-"号填列）	3,029,541	
71	加:营业外收入		
72	减:营业外支出	200	
73	三、利润总额（亏损以"-"号填列）	3,029,341	
74	减：所得税费用	757,335	
75	四、净利润（亏损以"-"号填列）	2,272,006	1,980,006

3. 应付账款周转天数

应付账款周转天数也是显示企业营运能力的一个单项指标，它表示企业支付应付账款的天数。应付账款周转天数长，对企业经营有利，但可能有其他代价。

计算应付账款周转天数涉及资产负债表和利润表的数据。

表1　　　　　　　　　资产负债表

	资产	期末余额	年初余额		负债和股东权益	期末余额	年初余额
3	应收票据	1,673,428.00	73,428.00	34	应付票据	765,859.00	45,000.00
4	应收账款	1,619,060.00	236,290.00	35	应付账款	1,087,260.00	783,260.00

表2　　　　　　　　　利润表

	项目	本期金额	上期金额
62	减：营业成本	5,465,300.00	5,405,195.00

应付票据、应付账款周转天数

= 平均应付款 / 每天的营业成本

= [（应付票据期末余额 + 应付票据年初余额 + 应付账款期末余额

+ 应付账款年初余额）/ 2] / 每天的营业成本

= [（765,859 + 45,000 + 1,087,260 + 783,260）/ 2] / (5,465,300 / 360)

≈ 88(天)

分析：在企业经营中，应付账款周转天数较长自然对经营者有利，但应付账款周转天数过长是可能有其他代价的，"天下没有免费的午餐"，拖着不付款，可能引发其他问题，经营者需要通盘考虑。

练习 1-5-3

请从下列报表中，选择适用的报表项目，计算、分析该企业的应付账款周转天数。

练习表1　　　　　　　　　　资产负债表

	资产	期末余额	年初余额		负债和股东权益	期末余额	年初余额
	流动资产：				流动负债：		
1	货币资金	660,073	500,423	32	短期借款	500,000	500,000
2	交易性金融资产			33	交易性金融负债		
3	应收票据	600,000	700,000	34	应付票据		
4	应收账款	1,106,356	1,000,000	35	应付账款	900,000	80,000
5	预付款项	2,542,041	630,000	36	预收账款		
6	应收利息	86,359	86,359	37	应付职工薪酬	160,558	214,900
8	其他应收款	2,560,800	1,446,657	38	应交税费	618,800	865,433
9	存货	1,662,000	1,820,000	39	应付利息	80,000	80,000
11	其他流动资产			41	其他应付款	100,050	63,100
12	流动资产合计	9,217,629	6,183,439	43	其他流动负债		
	非流动资产：			44	流动负债合计	2,359,408	1,803,433
15	长期应收款				非流动负债：		
16				45	长期借款	1,500,000	1,500,000
17				47	长期应付款		
18	固定资产	2,100,000	2,600,000	51	其他非流动负债		
19				52	非流动负债合计	1,500,000	1,500,000
				53	负债合计	3,859,408	3,303,433
					股东权益(所有者权益)：		
				54	股本(实收资本)	4,000,000	4,000,000
24				55	资本公积		
27				57	盈余公积	425,201	198,001
28				58	未分配利润	3,826,811	1,782,005
29	其他非流动资产	793,791	500,000	59	股东权益合计	8,252,012	5,980,006
30	非流动资产合计	2,893,791	3,100,000				
31	资产总计	12,111,420	9,283,439	60	负债和股东权益总计	12,111,420	9,283,439

练习表2　　　　　　　　利润表

	项目	本期金额	上期金额
61	一、营业收入	10,600,066	9,600,006
62	减:营业成本	5,465,300	4,949,678
63	营业税金及附加	200,000	
64	销售费用	583,530	
65	管理费用	1,151,830	
66	财务费用	595,065	
67	资产减值损失		
68	加:公允价值变动（损失以"-"号填列）	200,000	
69	投资收益（损失以"-"号填列）	225,200	
70	二、营业利润（亏损以"-"号填列）	3,029,541	
71	加:营业外收入		
72	减:营业外支出	200	
73	三、利润总额（亏损以"-"号填列）	3,029,341	
74	减：所得税费用	757,335	
75	四、净利润（亏损以"-"号填列）	2,272,006	1,980,006

4. 营运资金周转次数

营运资金周转次数是企业营运能力的一个综合指标，它可以比较全面地反映企业运筹资金的状况。

一般情况下，每年大于 3 次就比较好了。

营运资金周转次数

= 360 天 /（存货周转天数 + 应收账款周转天数 − 应付账款周转天数）

= 360 /（176 + 61 − 88）

≈ 2.42（次）

分析：营业资金周转次数一般指标为 3 次。目前上述计算结果只停留在 2.42 次。说明企业资金运转速度较慢，要争取减少库存和应收账款的天数。或去争取延长应付款的时间。

练习 1-5-4

请将前面三个指标的练习题的数据答案核对后,作为该公司的计算依据,计算**营运资金周转次数**。

六、营运资金需求总量

营运资金需求总量是营运能力的第二个指标,是测算企业下一期或下一年所需营运资金的重要指标。

计算营运资金需求总量涉及利润表和营运资金周转次数,以及企业下一年**预计销售增长率**。

此例,综合指标"营运资金周转次数"为 2.42 次;假设,企业预期销售增长率为 30%。

表2　　　　　　　利润表

	项目	本期金额	上期金额
62	减:营业成本	5,465,300.00	5,405,195.00

营运资金需求总量

= 上年度营业成本 ×(1+ 预期销售增长率)/ 营运资金周转次数

= 5,405,195.60 ×(1+30%)/ 2.42

≈ 2,900,000(元)

练习 1-6

请从下列财务报表中，选择适用的报表项目，首先将前面三个指标的练习题的数据答案核对后，作为该公司的计算依据，计算营运资金周转次数；其次假设企业预计销售增长率为 10%，最后从下列财务报表中，分析该企业所需**营运资金需求总量**。

练习表 1　　　　　　　　　　　　　　　资产负债表

	资产	期末余额	年初余额		负债和股东权益	期末余额	年初余额
	流动资产：				**流动负债：**		
1	货币资金	660,073	500,423	32	短期借款	500,000	500,000
2	交易性金融资产			33	交易性金融负债		
3	应收票据	600,000	700,000	34	应付票据		
4	应收账款	1,106,356	1,000,000	35	应付账款	900,000	80,000
5	预付款项	2,542,041	630,000	36	预收账款		
6	应收利息	86,359	86,359	37	应付职工薪酬	160,558	214,900
8	其他应收款	2,560,800	1,446,657	38	应交税费	618,800	865,433
9	存货	1,662,000	1,820,000	39	应付利息	80,000	80,000
11	其他流动资产			41	其他应付款	100,050	63,100
12	流动资产合计	9,217,629	6,183,439	43	其他流动负债		
	非流动资产：			44	流动负债合计	2,359,408	1,803,433
15	长期应收款				**非流动负债：**		
16				45	长期借款	1,500,000	1,500,000
17				47	长期应付款		
18	固定资产	2,100,000	2,600,000	51	其他非流动负债		
19				52	非流动负债合计	1,500,000	1,500,000
				53	负债合计	3,859,408	3,303,433
					股东权益(所有者权益)：		
				54	股本(实收资本)	4,000,000	4,000,000
24				55	资本公积		
27				57	盈余公积	425,201	198,001
28				58	未分配利润	3,826,811	1,782,005
29	其他非流动资产	793,791	500,000	59	股东权益合计	8,252,012	5,980,006
30	非流动资产合计	2,893,791	3,100,000				
31	资产总计	12,111,420	9,283,439	60	负债和股东权益总计	12,111,420	9,283,439

练习表2　　　　　　　利润表

	项目	本期金额	上期金额
61	一、营业收入	10,600,066	9,600,006
62	减:营业成本	5,465,300	4,949,678
63	营业税金及附加	200,000	
64	销售费用	583.530	
65	管理费用		
66	财务费用		
67	资产减值损失		
68	加:公允价值变动		
69	投资收益（损失		
70	二、营业利润（亏损		
71	加:营业外收入		
72	减:营业外支出		
73	三、利润总额（亏损		
74	减：所得税费用		
75	四、净利润（亏损以		

练习表3　　　　　　　现金流量表（主表）

	项目	本期金额	上期金额
	一、经营活动产生的现金流量		
81	销售商品、提供劳务收到的现金	11,291,719	
83	收到其他与经营活动有关的现金		
84	经营活动现金流入小计	11,291,719	
85	购买商品、接受劳务支出支付的现金	5,627,300	
86	支付给职工以及为职工支付的现金	1,066,000	
87	支付的各项税费	2,135,344	
88	支付其他与经营活动有关的现金	1,935,560	
89	经营活动现金流出小计	10,764,204	
90	经营活动产生的现金流量净额	527,515	
	二、投资活动产生的现金流量		
92	取得投资收益收到的现金	225,200	
95	收到其他与投资活动有关的现金		
96	投资活动现金流入小计	225,200	
101	投资活动现金流出小计		
102	投资活动产生的现金流量净额	225,200	
	三、筹资活动产生的现金流量		
105	收到其他与筹款活动有关的现金	2,000	
106	筹资活动现金流入小计	2,000	
108	分配股利、利润和偿付利息支付的现金	595,065	
109	支付其他与筹资活动有关的现金		
110	筹资活动现金流出小计	595,065	
111	筹资活动产生的现金流量净额	-593,065	
	四、汇率变动对现金及现金等价物的影响		
	五、现金及现金等价物净增加额	159,650	
114	加：期初现金及现金等价物余额	500,423	
115	六、期末现金及现金等价物余额	660,073	500,423

第三节　盈利能力

企业必须具备的第三种能力是盈利能力。最能体现盈利能力的指标有两项：一个是营业收入净利率，另一个是股东投资回报率。

七、营业收入净利率

营业收入净利率是指企业每收入 1 元钱，与可以产生净利润的比率，一般指标大于 10%。多数情况下该指标越高，说明企业销售盈利能力越强，但这也不是绝对的，还需看企业的营业收入增长情况和净利润变动情况。

计算营业收入净利率的数据都在利润表上。

表2　　　　　　　　　利润表

	项目	本期金额	上期金额
61	一、营业收入	10,600,066.00	9,600,006.00
62	减：营业成本	5,465,300.00	5,405,195.60
75	四、净利润（亏损以"-"号填列）	2,272,006.00	1,980,006.00

营业收入净利率
=（净利润 / 营业收入）× 100%
=（2,272,006 / 10,600,066）× 100%
≈ 21%

分析：一般指标大于 10%，现约为 21%，说明营业收入产生的净利润是不错的。

练习 1-7

请从下列财务报表中，选择适用的报表项目，计算、分析该企业**营业收入净利率**。

练习表1　　　　　　　　　　　资产负债表

	资产	期末余额	年初余额		负债和股东权益	期末余额	年初余额
	流动资产：				**流动负债：**		
1	货币资金	660,073	500,423	32	短期借款	500,000	500,000
2	交易性金融资产			33	交易性金融负债		
3	应收票据	600,000	700,000	34	应付票据		
4	应收账款	1,106,356	1,000,000	35	应付账款	900,000	80,000
5	预付款项	2,542,041	630,000	36	预收账款		
6	应收利息	86,359	86,359	37	应付职工薪酬	160,558	214,900
8	其他应收款	2,560,800	1,446,657	38	应交税费	618,800	865,433
9	存货	1,662,000	1,820,000	39	应付利息	80,000	80,000
11	其他流动资产			41	其他应付款	100,050	63,100
12	流动资产合计	9,217,629	6,183,439	43	其他流动负债		
	非流动资产：			44	流动负债合计	2,359,408	1,803,433
15	长期应收款				**非流动负债：**		
16				45	长期借款	1,500,000	1,500,000
17				47	长期应付款		
18	固定资产	2,100,000	2,600,000	51	其他非流动负债		
19				52	非流动负债合计	1,500,000	1,500,000
				53	负债合计	3,859,408	3,303,433
					股东权益(所有者权益)：		
				54	股本(实收资本)	4,000,000	4,000,000
24				55	资本公积		
27				57	盈余公积	425,201	198,001
28				58	未分配利润	3,826,811	1,782,005
29	其他非流动资产	793,791	500,000	59	股东权益合计	8,252,012	5,980,006
30	非流动资产合计	2,893,791	3,100,000				
31	资产总计	12,111,420	9,283,439	60	负债和股东权益总计	12,111,420	9,283,439

练习表2　　　　　　　　利润表

	项目	本期金额	上期金额
61	一、营业收入	10,600,066	9,600,006
62	减:营业成本	5,465,300	4,949,678
63	营业税金及附加	200,000	
64	销售费用	583,530	
65	管理费用	1,151,830	
66	财务费用	595,065	
67	资产减值损失		
68	加:公允价值变动（损失以"-"号填列）	200,000	
69	投资收益（损失以"-"号填列）	225,200	
70	二、营业利润（亏损以"-"号填列）	3,029,541	
71	加:营业外收入		
72	减:营业外支出	200	
73	三、利润总额（亏损以"-"号填列）	3,029,341	
74	减：所得税费用	757,335	
75	四、净利润（亏损以"-"号填列）	2,272,006	1,980,006

		本期金额	上期金额
		11,291,719	
		11,291,719	
		5,627,300	
		1,066,000	
		2,135,344	
		1,935,560	
		10,764,204	
		527,515	
		225,200	
		225,200	
		225,200	
		2,000	
106	筹资活动现金流入小计	2,000	
108	分配股利、利润和偿付利息支付的现金	595,065	
109	支付其他与筹资活动有关的现金		
110	筹资活动现金流出小计	595,065	
111	筹资活动产生的现金流量净额	-593,065	
	四、汇率变动对现金及现金等价物的影响		
	五、现金及现金等价物净增加额	159,650	
114	加：期初现金及现金等价物余额	500,423	
115	六、期末现金及现金等价物余额	660,073	500,423

八、股东投资回报率

股东投资回报率,又称为净资产收益率、权益报酬率,体现股东每投资 1 元钱,与可以产生的净利润的比率,一般指标大于 **8%**。

计算股东投资回报率的数据参见资产负债表和利润表。表 1 中的"股东权益"又称为"所有者权益"。

表1　　　　　　　　　　资产负债表

资产	期末余额	年初余额	负债和股东权益	期末余额	年初余额
29　其他非流动资产			59　股东权益合计	25,328,166.00	22,956,160.00

表2　　　　　　　　利润表

项目	本期金额	上期金额
75　四、净利润(亏损以"-"号填列)	2,272,006.00	1,980,006.00

股东投资回报率

= (净利润 / 平均股东权益总额) ×100%

= { 净利润 /[(股东权益合计期末余额 + 股东权益合计年初余额)/2] } ×100%

= { 2,272,006 / [(25,328,166 + 22,956,160) / 2] } ×100%

≈ 9%

分析:企业股东每投入 1 元钱,一般指标大于 8%。本年度可以产生约 0.09 元的利润,股东基本上满意,企业经理人大体可以交待了。

净资产收益率分解式[①],净资产收益率即股东投资回报率,分解式侧重供经营管理者进行分解指标分析(P269)。

---

① 详见 P268"巴菲特指标"。

练习 1-8

请从下列财务报表中，选择适用的报表项目，计算、分析该企业**股东投资回报率**。

练习表1　　　　　　　　　　　　　　　资产负债表

	资产	期末余额	年初余额		负债和股东权益	期末余额	年初余额
	流动资产：				流动负债：		
1	货币资金	660,073	500,423	32	短期借款	500,000	500,000
2	交易性金融资产			33	交易性金融负债		
3	应收票据	600,000	700,000	34	应付票据		
4	应收账款	1,106,356	1,000,000	35	应付账款	900,000	80,000
5	预付款项	2,542,041	630,000	36	预收账款		
6	应收利息	86,359	86,359	37	应付职工薪酬	160,558	214,900
8	其他应收款	2,560,800	1,446,657	38	应交税费	618,800	865,433
9	存货	1,662,000	1,820,000	39	应付利息	80,000	80,000
11	其他流动资产			41	其他应付款	100,050	63,100
12	流动资产合计	9,217,629	6,183,439	43	其他流动负债		
	非流动资产：			44	流动负债合计	2,359,408	1,803,433
15	长期应收款				非流动负债：		
16				45	长期借款	1,500,000	1,500,000
17				47	长期应付款		
18	固定资产	2,100,000	2,600,000	51	其他非流动负债		
19				52	非流动负债合计	1,500,000	1,500,000
				53	负债合计	3,859,408	3,303,433
					股东权益(所有者权益)：		
				54	股本(实收资本)	4,000,000	4,000,000
24				55	资本公积		
27				57	盈余公积	425,201	198,001
28				58	未分配利润	3,826,811	1,782,005
29	其他非流动资产	793,791	500,000	59	股东权益合计	8,252,012	5,980,006
30	非流动资产合计	2,893,791	3,100,000				
31	资产总计	12,111,420	9,283,439	60	负债和股东权益总计	12,111,420	9,283,439

练习表2　　　　　　　利润表

项目	本期金额	上期金额
61 一、营业收入	10,600,066	9,600,006
62 　减:营业成本	5,465,300	4,949,678
63 　　营业税金及附加	200,000	
64 　　销售费用	583,530	
65 　　管理费用	1,151,830	
66 　　财务费用	595,065	
67 　　资产减值损失		
68 　加:公允价值变动（损失以"-"号填列）	200,000	
69 　　投资收益（损失以"-"号填列）	225,200	
70 二、营业利润（亏损以"-"号填列）	3,029,541	
71 　加:营业外收入		
72 　减:营业外支出	200	
73 三、利润总额（亏损以"-"号填列）	3,029,341	
74 　减：所得税费用	757,335	
75 四、净利润（亏损以"-"号填列）	2,272,006	1,980,006

		期金额	上期金额
		1,291,719	
		1,291,719	
		6,627,300	
		1,066,000	
		2,135,344	
		1,935,560	
		0,764,204	
		527,515	
		225,200	
		225,200	
		225,200	
105	收到其他与筹款活动有关的现金	2,000	
106	筹资活动现金流入小计	2,000	
108	分配股利、利润和偿付利息支付的现金	595,065	
109	支付其他与筹资活动有关的现金		
110	筹资活动现金流出小计	595,065	
111	筹资活动产生的现金流量净额	-593,065	
	四、汇率变动对现金及现金等价物的影响		
	五、现金及现金等价物净增加额	159,650	
114	加：期初现金及现金等价物余额	500,423	
115	六、期末现金及现金等价物余额	660,073	500,423

第四节 发展能力

企业必须具备的第四种能力是发展能力。最能体现发展能力的指标有两项：一个是营业收入增长率，另一个是净利润增长率。

九、营业收入增长率

营业收入增长率是指企业本年度营业收入总额同上一年度营业收入总额差值的比率。反映了本年度与上一年度相比，营业收入的增减变动情况，是评价企业成长情况和发展能力的重要指标。可以用来衡量公司的产品生命周期。

一般来说，该比率＞10%，说明公司产品处于成长期，属于成长型公司；

该比率在5%～10%，说明公司产品将由稳定期趋向衰退期；

该比率如果＜5%，说明公司产品已进入衰退期，主营业务利润开始滑坡。

如果没有已开发好的新产品，将步入衰落。需要注意的是，各行业这项指标均有差异，实际操作中要自行调整指标。

计算营业收入增长率的数据都在利润表上。

表2   利润表

	项目	本期金额	上期金额
61	一、营业收入	10,600,066.00	9,600,006.00
62	减：营业成本	5,465,300.00	5,405,195.00

营业收入增长率

= [(营业收入本期金额－营业收入上期金额) / 营业收入上期金额] ×100%

= [(10,600,066－9,600,006) / 9,600,006] ×100%

≈ 10%

分析：该公司这一数值约为10%，基本上属于成长型公司。

练习 1-9

请从下列报表中，选择适用的报表项目，计算并分析该企业**营业收入增长率**。

练习表1　　　　　　　　　　　资产负债表

	资产	期末余额	年初余额		负债和股东权益	期末余额	年初余额
	流动资产：				流动负债：		
1	货币资金	660,073	500,423	32	短期借款	500,000	500,000
2	交易性金融资产			33	交易性金融负债		
3	应收票据	600,000	700,000	34	应付票据		
4	应收账款	1,106,356	1,000,000	35	应付账款	900,000	80,000
5	预付款项	2,542,041	630,000	36	预收账款		
6	应收利息	86,359	86,359	37	应付职工薪酬	160,558	214,900
8	其他应收款	2,560,800	1,446,657	38	应交税费	618,800	865,433
9	存货	1,662,000	1,820,000	39	应付利息	80,000	80,000
11	其他流动资产			41	其他应付款	100,050	63,100
12	流动资产合计	9,217,629	6,183,439	43	其他流动负债		
	非流动资产：			44	流动负债合计	2,359,408	1,803,433
15	长期应收款				非流动负债：		
16				45	长期借款	1,500,000	1,500,000
17				47	长期应付款		
18	固定资产	2,100,000	2,600,000	51	其他非流动负债		
19				52	非流动负债合计	1,500,000	1,500,000
				53	负债合计	3,859,408	3,303,433
					股东权益(所有者权益)：		
				54	股本(实收资本)	4,000,000	4,000,000
24				55	资本公积		
27				57	盈余公积	425,201	198,001
28				58	未分配利润	3,826,811	1,782,005
29	其他非流动资产	793,791	500,000	59	股东权益合计	8,252,012	5,980,006
30	非流动资产合计	2,893,791	3,100,000				
31	资产总计	12,111,420	9,283,439	60	负债和股东权益总计	12,111,420	9,283,439

练习表2　　　　　　　　利润表

	项目	本期金额	上期金额
61	一、营业收入	10,600,066	9,600,006
62	减:营业成本	5,465,300	4,949,678
63	营业税金及附加	200,000	
64	销售费用	583,530	
65	管理费用	1,151,830	
66	财务费用	595,065	
67	资产减值损失		
68	加:公允价值变动（损失以"-"号填列）	200,000	
69	投资收益（损失以"-"号填列）	225,200	
70	二、营业利润（亏损以"-"号填列）	3,029,541	
71	加:营业外收入		
72	减:营业外支出	200	
73	三、利润总额（亏损以"-"号填列）	3,029,341	
74	减：所得税费用	757,335	
75	四、净利润（亏损以"-"号填列）	2,272,006	1,980,006

			金额	上期金额
			91,719	
			91,719	
			27,300	
			66,000	
			35,344	
			35,560	
			64,204	
			27,515	
			25,200	
			25,200	
			25,200	
			2,000	
106	筹资活动现金流入小计		2,000	
108	分配股利、利润和偿付利息支付的现金		595,065	
109	支付其他与筹资活动有关的现金			
110	筹资活动现金流出小计		595,065	
111	筹资活动产生的现金流量净额		-593,065	
	四、汇率变动对现金及现金等价物的影响			
	五、现金及现金等价物净增加额		159,650	
114	加：期初现金及现金等价物余额		500,423	
115	六、期末现金及现金等价物余额		660,073	500,423

十、净利润增长率

净利润增长率是衡量企业发展能力的另一项指标，是指企业本期净利润额与上期净利润额的比率，反映了企业实现价值最大化的扩张速度，是综合衡量企业资产营运与管理业绩，以及成长状况和发展能力的重要指标。

计算净利润增长率的数据都在利润表上。

表2　　　　　　　　　利润表

	项目	本期金额	上期金额
75	四、净利润（亏损以"-"号填列）	2,272,006.00	1,980,006.00

净利润增长率
= [(净利润本期金额－净利润上期金额) / 净利润上期金额] × 100%
= [（2,272,006 － 1,980,006）/ 1,980,006] × 100%
≈ 15%

分析：净利润增长率约为15%，说明企业实现价值最大化的扩张速度不错。

练习 1-10

请从下列财务报表中，选择适用的报表项目，计算并分析企业的**净利润增长率**。

练习表1　　　　　　　　　　资产负债表

	资产	期末余额	年初余额		负债和股东权益	期末余额	年初余额
	流动资产：				流动负债：		
1	货币资金	660,073	500,423	32	短期借款	500,000	500,000
2	交易性金融资产			33	交易性金融负债		
3	应收票据	600,000	700,000	34	应付票据		
4	应收账款	1,106,356	1,000,000	35	应付账款	900,000	80,000
5	预付款项	2,542,041	630,000	36	预收账款		
6	应收利息	86,359	86,359	37	应付职工薪酬	160,558	214,900
8	其他应收款	2,560,800	1,446,657	38	应交税费	618,800	865,433
9	存货	1,662,000	1,820,000	39	应付利息	80,000	80,000
11	其他流动资产			41	其他应付款	100,050	63,100
12	流动资产合计	9,217,629	6,183,439	43	其他流动负债		
	非流动资产：			44	流动负债合计	2,359,408	1,803,433
15	长期应收款				非流动负债：		
16				45	长期借款	1,500,000	1,500,000
17				47	长期应付款		
18	固定资产	2,100,000	2,600,000	51	其他非流动负债		
19				52	非流动负债合计	1,500,000	1,500,000
				53	负债合计	3,859,408	3,303,433
					股东权益(所有者权益)：		
				54	股本(实收资本)	4,000,000	4,000,000
24				55	资本公积		
27				57	盈余公积	425,201	198,001
28				58	未分配利润	3,826,811	1,782,005
29	其他非流动资产	793,791	500,000	59	股东权益合计	8,252,012	5,980,006
30	非流动资产合计	2,893,791	3,100,000				
31	资产总计	12,111,420	9,283,439	60	负债和股东权益总计	12,111,420	9,283,439

练习表2　　　　　　　利润表

	项目	本期金额	上期金额
61	一、营业收入	10,600,066	9,600,006
62	减:营业成本	5,465,300	4,949,678
63	营业税金及附加	200,000	
64	销售费用	583,530	
65	管理费用	1,151,830	
66	财务费用	595,065	
67	资产减值损失		
68	加:公允价值变动（损失以"-"号填列）	200,000	
69	投资收益（损失以"-"号填列）	225,200	
70	二、营业利润（亏损以"-"号填列）	3,029,541	
71	加:营业外收入		
72	减:营业外支出	200	
73	三、利润总额（亏损以"-"号填列）	3,029,341	
74	减：所得税费用	757,335	
75	四、净利润（亏损以"-"号填列）	2,272,006	1,980,006

			本期金额	上期金额
			11,291,719	
			11,291,719	
			5,627,300	
			1,066,000	
			2,135,344	
			1,935,560	
			10,764,204	
			527,515	
			225,200	
			225,200	
			225,200	
105	收到其他与筹款活动有关的现金		2,000	
106	筹资活动现金流入小计		2,000	
108	分配股利、利润和偿付利息支付的现金		595,065	
109	支付其他与筹资活动有关的现金			
110	筹资活动现金流出小计		595,065	
111	筹资活动产生的现金流量净额		-593,065	
	四、汇率变动对现金及现金等价物的影响			
	五、现金及现金等价物净增加额		159,650	
114	加：期初现金及现金等价物余额		500,423	
115	六、期末现金及现金等价物余额		660,073	500,423

第二部分

测盈亏——目标倒推十步联动

企业管理中，管理会计侧重根据企业的综合因素，预先测算出各种要素的百分比，调整不同情况下的盈亏数据，供管理者调整、完善、决策，并且进一步分拆各种要素，提出要求并考核。

具体分拆要素的方法可根据本企业的实际情况选用不同的测算方法和工具。

净利润＝营业收入－营业成本－营业税金及附加－费用－所得税费用

第一章　测算要素

第一节　收入

收入是指企业在销售商品、提供劳务及转让资产使用权等日常活动中所形成的经济利益总流入，通常包括营业收入、投资收益、公允价值变动收益、资产处置收益、其他收益等。

收入与股东投资的股本、负债并不直接相关。

收入只包括本企业经济利益的流入，不应该包括为第三方或客户代收的款项。

其中"公允价值变动收益"和"资产减值"之类项目颇有争议，早期是美国为便于搞所谓"金融工具"创新提出的概念，理性的投资或炒股人士尤其应当引起注意（本书未涉及此概念）。

收入是计算利润过程中的一个过渡性会计要素，它既为核算企业是否挣钱提供了方便，也为弄虚作假提供了机会。本书在介绍利润时进一步讲解。

第二节 支出

支出（付出）是指企业在销售商品、提供劳务及转让资产使用权等日常活动中所形成的经济利益总流出。

"支出"与"收入"是逻辑和字面含义都完备的绝对反义词。

会计学中应区分"广义费用和狭义费用":

一、**支出**即**广义费用**，既包括狭义费用，也包括称为"成本"和"费用"的其他各种支出。

会计学中"成本"和"费用"，这两个词经常混用。"成本"和"费用"是企业为了赚钱所支出的各种代价。

会计平衡等式的"支出"是指"广义费用"的所有支出（付出）。

一般而言，**成本**分为固定成本与变动成本两大类:

固定成本是指成本总额在一定时期和一定业务量范围内，不受产品的业务量（产量或销量）增减变动影响而能保持不变的成本，特征是：

（1）成本总额不随业务量而变，表现为一固定金额；

（2）单位业务量负担的固定成本（即单位固定成本）随业务量的增减变动呈反比例变动。

固定成本总额只有在一定时期和一定业务量范围内才是固定的，这就是说固定成本的固定性是有条件的，如果业务量的变动超过一定范围，固定成本就会发生变动。

固定成本主要包括：房租、管理人员工资、社保、长期借款利息应视为固定成本，流动资金借款和短期借款利息为简化计算，一般将其作为固定成本。香港的**皮费**（overheadcost）大致就是指固定成本。

可变成本（变动成本）是指随着业务量增减而呈正比例变化的各项成本。

工资、销售费用和流动资金利息等也都可能既有可变因素，又有固定因素。必要时需将半可变成本（或半固定成本）进一步分解为可变成本和固定成本，使产品成本最终划分为可变成本和固定成本。

二、**狭义费用**是指利润表的销售费用、管理费用、财务费用等。

销售费用

销售费用是指企业销售商品和材料、提供劳务的过程中发生的各种费用，包括企业在销售商品过程中发生的运输费、装卸费、保险费、包装费、展览费和广告费、商品维修费、预计产品质量保证损失等以及为销售本企业商品而专设的销售机构（含销售网点，售后服务网点等）的职工薪酬、类似工资性质的费用、业务费、福利费等经营费用以及折旧费等经营费用。

管理费用

管理费用是指企业行政管理部门为管理组织经营活动而发生的各项费用，包括公司经费、工会经费、职工教育经费、劳动保险费、待业保险费、董事会费、咨询费、审计费、诉讼费、差旅费、排污费、绿化费、税金、土地使用费、土地损失补偿费、技术转让费、技术开发费、无形资产摊销、开办费摊销、业务招待费、坏账损失、存货盘亏、毁损和报废（减盘盈）损失，以及其他管理费用。

财务费用

财务费用是指企业为筹集生产经营所需资金等而发生的费用。具体项目有：利息净支出、汇兑净损失、手续费以及筹集资金发生的其他费用等。

第三节　税金

企业的税金主要分为三大类：

第一类是在商品（含应税劳务）流转过程中发生的流转税（增值税、消费税和关税），流转税税额常附着于卖价，是由购买方支付，由销售方在"含税销售价"中代收，应定期上交税务部门的税款。

第二类是在发生商品销售收入（含应税劳务）后缴纳的附加税款。

第三类是企业盈利后缴纳的"企业所得税"。

企业其他税项如印花税、个人所得税等从略。

前一类间接代收的流转税款记入"资产负债表"的"应交税费"账簿。本书主要介绍一般纳税人的"增值税"。

后两类直接发生的几种税款记入"利润表"的"营业税金及附加"和"所得税费用"账簿。因"所得税费用"账簿当月计提所得税费用，下月缴纳，所以既要记在"利润表"上"所得税费用"，也要记"资产负债表"的"应交税费"和"银行存款"几本账，详见本书第三部分的记账范例八（p163）。

一、增值税

增值税是对销售货物或者提供劳务以及进口货物的单位和个人在商品（或应税劳务）流转过程中产生的**增值额**作为计税依据而征收的一种**流转税**。增值税实行**价外税**（计税依据中不含增值税税额），有增值才征税，没有增值不征税。

增值税是中国最主要的税种之一，增值税的收入占中国全部税收的60%以上。增值税由国家税务部门负责征收，税收收入中50%为中央财政收入，50%为地方收入。进口环节的增值税由海关负责征收，税收收入全部为中央财政收入。

按经营规模大小以及会计核算是否健全将纳税人划分为一般纳税人和小规模纳税人。一般纳税人的增值税实行凭**增值税专用发票**抵扣税款的制度，因此对纳税人的会计核算水平要求较高，要求能够准确核算**销项税额**、**进项税额**和**应纳税额**。

一般纳税人

（1）生产货物或者提供应税劳务的纳税人，以及以生产货物或者提供应税劳务为主（即纳税人的货物生产或者提供应税劳务的年销售额占应税销售额的比重在 50% 以上）并兼营货物批发或者零售的纳税人，年应税销售额超过 80 万元的；

（2）从事货物批发或者零售经营，年应税销售额超过 80 万元的。

小规模纳税人，本书从略。

增值税的税率：

自 2017 年 7 月 1 日起，取消 17% 的增值税税率。

当前，一般纳税人适用的税率有：13%、9%、6%、0% 等。

适用 13% 税率的纳税人：销售货物或者提供加工、修理修配劳务以及进口货物，提供有形动产租赁服务。

此外还有些适用 9%、6%、0% 等税率的业务，本书从略。

增值税计算的三个公式：

销售收入额 = 含税销售价 /（1+13%）

例如，60,000 = 67,800 /（1+13%）

增值税额 = 含税销售价 /（1+13%）× 13% = 销售收入额 × 13%。

例如，7,800 = 67,800 / (1 + 13%) × 13% = 60,000 × 13%

含税销售价 = 销售收入额 + 增值税额

= 销售收入额 + 销售收入额 × 13% = 销售收入额 ×（1+13%）

例如，67,800 = 60,000 + 7,800 = 60,000 + 60,000 ×13% = 60,000 ×(1+13%)

一般纳税人应纳税额计算公式为：

应纳税额 = 当期**销项税额** − 当期**进项税额**

销项税额 = 销售收入额 × 增值税税率

销售收入额 = 含税销售价 ÷（1+ 增值税税率）

销项税额是指纳税人提供应税服务按照销售收入额和增值税税率计算的增值税税额。

含税销售价即增值税专用发票上的**价税合计**。

进项税额是指纳税人购进货物或者接受加工修理修配劳务和应税服务，支付或者负担的增值税税额。

增值税款计算实例：

第一环节，A 食品厂销售自产商品时，收到的货款是含税销售价 54,240 元，其中 48,000 元是 A 的"销售收入额"，6,240 元是购买方 B 支付的"增值税额"。销售方 A 给购买方 B 开具了增值税专用发票如下：

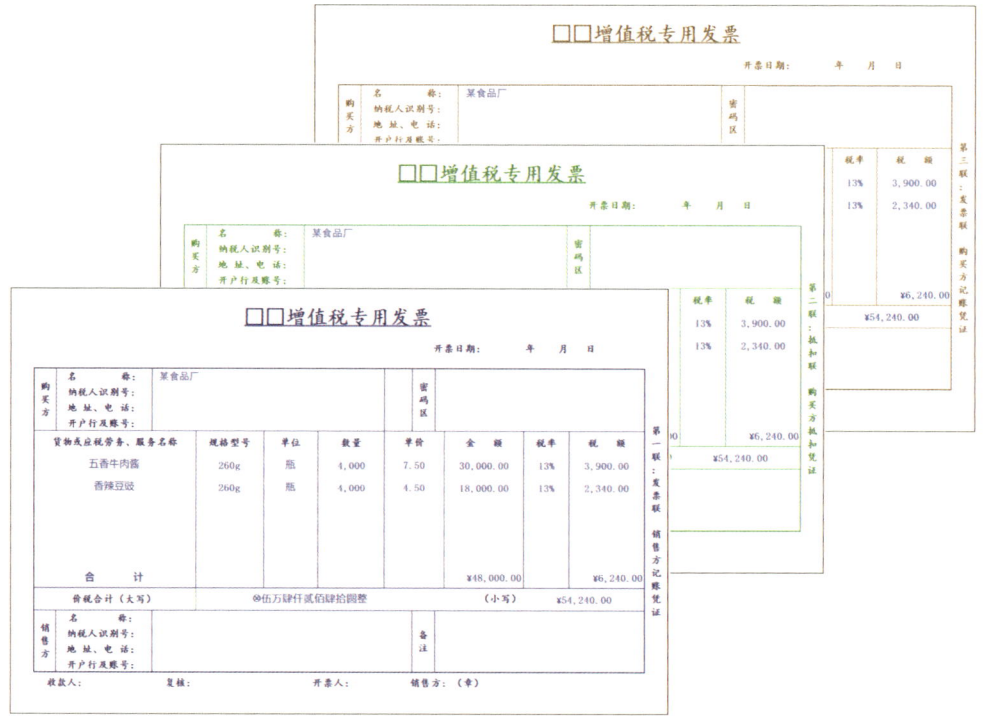

第一联，发票联，销售方记账凭证；

第二联，抵扣联，购买方抵扣凭证；

第三联，购买方记账凭证。

第二环节，B 销售公司购买上述商品时，支付给 A 食品厂的货款是"含税销售价"54,240 元，其中含 B 公司已支付的增值税额 6,240 元，取得了销售方 A 的增值税专用发票。

B 销售公司销售该商品给 C 超市时，收到的货款是"含税销售价"70,512元。其中 62,400 元是 B 的"销售收入额"，8,112 元是购买方 C 支付的"增值税额"。销售方 B 给购买方 C 开具了增值税专用发票如下：

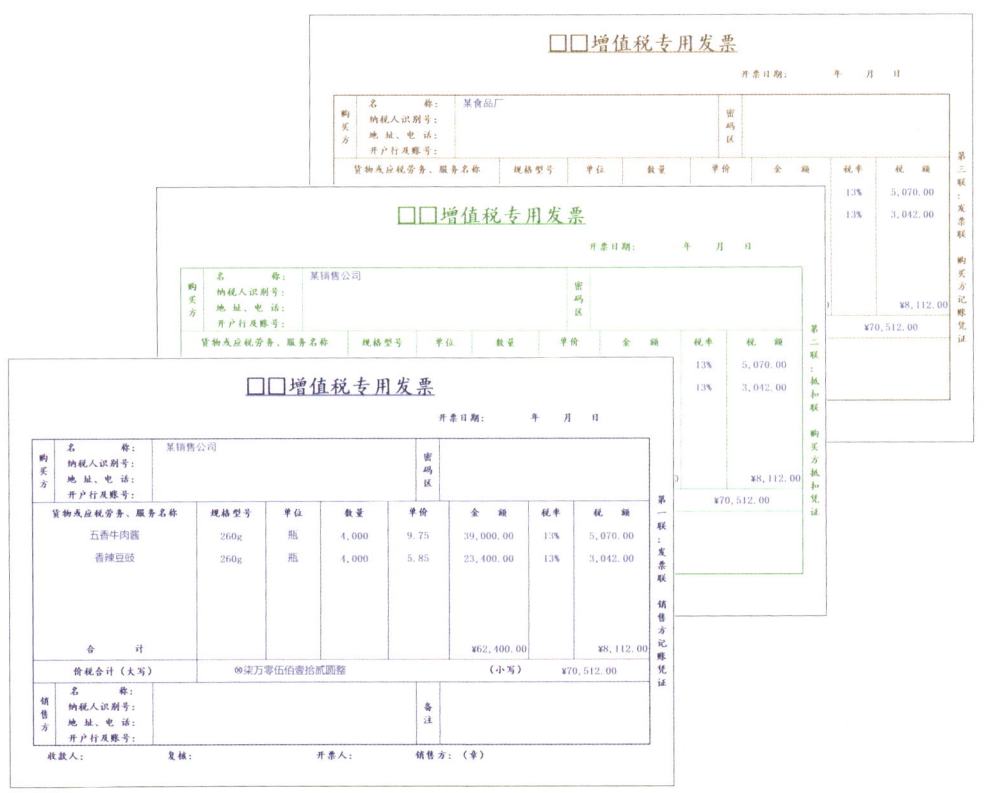

B 销售公司的**销项税额**（B 销售公司的增值税票第一联）
= 70,512 /（1+13%）×13% = 8,112（元）

B 销售公司的**进项税额**（A 食品工厂的增值税票第二联）
= 6,240（元）

B 销售公司的**应纳税额** = 销项税额 – 进项税额
= 8,112 – 6,240 = 1,872（元）

第三环节，C 超市购买了 B 销售公司的上述商品，支付的货款是"含税销售价"70,512 元，其中含 C 超市已支付的增值税额 8,112 元，取得了 B 销售公司的增值税专用发票。

C 超市销售所有商品后，依照第二环节的计算方法，计算出当期所有的销项税额和进项税额，然后计算出应交税额。

C 超市**应纳税额** = 当期所有商品销项税额 - 当期所有商品进项税额

如果中间还有其他环节，每个环节都使用同样的计算方法。

二、税金及附加

城市维护建设税

城市维护建设税，又称城建税，是以纳税人实际缴纳的增值税、消费税税额为计税依据，依法计征的一种税。

公式及税率：

应纳城市维护建设税税额＝（实际缴纳的增值税、消费税税额）× 适用税率

税率：市区 7%，县城和镇 5%，乡村 1%。

大中型工矿企业所在地不在城市市区、县城、建制镇的，税率为 1%。

教育费附加

教育费附加是对缴纳增值税、消费税的单位和个人征收的一种附加费。其作用是发展地方性教育事业，扩大地方教育经费的资金来源。

公式及税率：

应纳教育费附加＝（实际缴纳的增值税、消费税税额）× 3%

地方教育费附加

按照地方教育附加使用管理规定，在各省、直辖市的行政区域内，凡缴纳增值税、消费税的单位和个人，都应按规定缴纳地方教育费附加。

公式及税率：

应纳地方教育费附加＝（实际缴纳的增值税、消费税税额）× 2%

三、所得税

企业所得税是对我国境内的企业和其他取得收入的组织的生产经营所得和其他所得征收的一种所得税。

公式及税率：

目前，企业所得税的税率为 25% 的比例税率。非居民企业为 20%。

应纳企业所得税税额 = 当期应纳税所得额 × 适用税率

应纳所得税额 = 收入总额 - 准予扣除项目金额

企业代缴个人所得税，本书从略。

第四节　利润

利润＝收入－支出

利润只是为了便于评估企业经营的计算结果，是一个"虚"的数字。

企业经营是为了赚钱，不是为了数字，只有将钱收到，"虚"的数字才能成为"实"的数字。

会计学中"毛利"和"净利"是比较含糊的概念。"毛利"一般是指营业收入－营业成本；"净利"一般是指税后利润。

比较正式的会计概念，以商业企业的主营业务为例，主要应用"营业利润、利润总额和净利润"这几个会计专用术语。

一、营业利润

营业利润＝营业收入－营业成本－营业税金及附加

二、利润总额

利润总额 ＝ 营业利润－各项费用

三、净利润

净利润 ＝ 利润总额－所得税费用

四、利润不是"东西"

严格地说，利润是个"东西"，但是个"虚货"。

收入是"虚货"，费用也是"虚货"，自然"收入－费用"得到的"利润"也就是"虚货"，只有与"库存现金"发生联系后，利润才能够落实。

利润是个筐,什么都可以往里装,利润是会计算出来的数字。

收入包括已收回和应该收回,还没收回的钱。

费用包括已经付出和应该付出,但尚未付出的花销和成本。

利润中包含已收到的钱,应收回而未收回的钱,和应收回而收不回的钱。

第二章 测算方法

管理会计中有许多种测算利润的方法，新的测算工具也不断出现，本书仅介绍基础的"本量利分析法"和实用的"目标倒推法"，其余测算方法可根据需要自行补充完善。

第一节 本量利分析法

本量利分析法是管理会计中成本会计的基础分析方法。

本量利分析法又称保本点分析法或盈亏测算法，是采用盈亏平衡分析的方法，根据产品的业务量（产量或销量）、成本、利润之间的相互制约关系进行的综合分析，用来预测利润，控制成本，判断经营状况的一种数学分析方法。

企业经营中存在各种不确定因素，即**测算要素**，如投资、成本、销售量、产品价格、项目寿命期等，这些变化会影响投资方案的经济效果，当这些因素的变化达到某一临界值时，就会影响方案的取舍。

盈亏平衡分析的目的就是找出这种临界值，即盈亏平衡点（BEP），判断投资方案对不确定因素变化的承受能力，为决策提供依据。

1. 按实物单位计算，其公式为：

盈亏临界点的销售量（实物单位）= 固定成本 ÷ 单位产品贡献毛益

其中，单位产品贡献毛益 = 单位产品销售收入 − 单位产品变动成本

2. 按金额综合计算，其公式为：

盈亏临界点的销售量（金额单位）= 固定成本 ÷ 贡献毛益率

其中，贡献毛益率 =（销售收入 − 变动成本）÷ 销售收入

盈亏平衡点分析图假定利润为零和利润为目标利润时，先分别测算原材料保本采购价格和保利采购价格；再分别测算产品保本销售价格和保利销售价格。

盈亏平衡点的计算

盈亏平衡点（Break Even Point,简称 BEP）又称**保本点**。通常是指**全部销售收入**等于**全部成本**时（销售收入线与总成本线的交点）的产量。

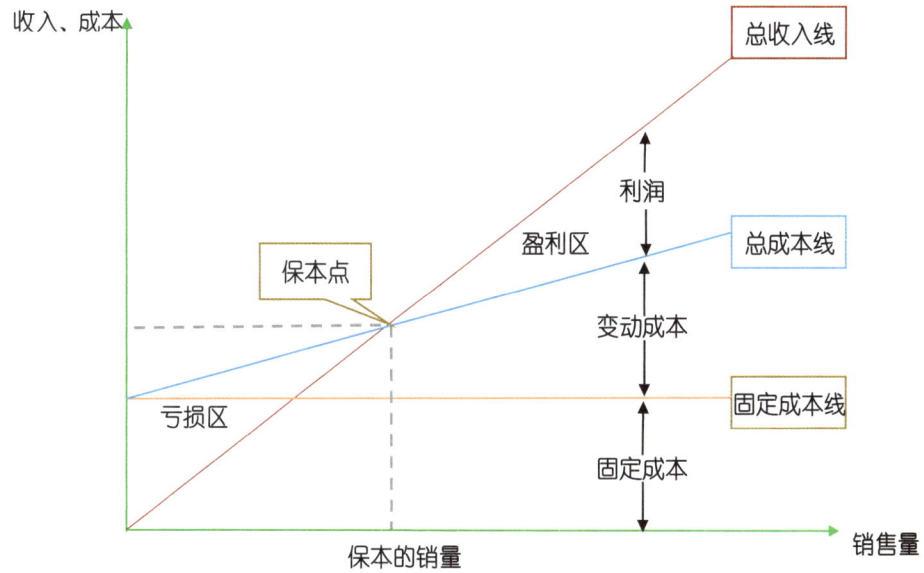

以盈亏平衡点为界限，当销售收入高于盈亏平衡点时企业盈利，反之，企业亏损。盈亏平衡点可以用销售量来表示，即盈亏平衡点的销售量；也可以用销售额来表示，即盈亏平衡点的销售额。

企业利润是销售收入扣除成本后的余额；**销售收入**是产品销售量与销售单价的乘积；**产品成本**是包括工厂成本和销售成本在内的总成本，分为固定成本和变动成本。

第二节　目标倒推法

盈亏平衡点分析是一个重要的原理和方法，但在实际操作中存在很大局限性。在市场竞争中，多品种的生产企业通常产品定价首先考虑品牌定位，其次是竞争市场份额，最后才是成本。定价时基本上不会考虑盈亏平衡点，市场也不会给企业考虑的机会。在产品设计时，要先预定一个目标成本，这与用户接受的价格、定位、竞争等都有关系。这个问题涉及面很多，在实际工作中可以看出盈亏平衡点并不是最先考虑的实用测算方法。当企业盈亏不能平衡时，企业可能需要考虑业务转型了。

实用测算方法很多，本书仅介绍"**目标倒推法**"，此法是在 Excel 中事先设计好"利润测算表"相关因素的函数关系，并根据实践的经验数据加权，当一个因素变化时，相关的所有数字和结果都会相应变化，可方便地测算出在一定的变化范围内，是否能实现经营目标。

一、销售企业盈亏测算范例

测算盈亏填写 Excel 的步骤如下：

第 1 步，根据经验数据，预设要实现目标"净利润"1,360,000 元，所需"营业收入"为 13,600,000 元。

第 2 步，计算出"营业收入"为 13,600,000 元时，毛利率为 35% 的"营业成本"。

第 3 步，测算出增值税 =（营业收入 – 营业成本）×13%"。

"增值税"登记在"资产负债表"的"应交税费"上，它是以商品流转过程中的增值额（= 营业收入 – 营业成本）作为计税依据而征收的一种流转税，应按期上交税务部门。"增值税"额在"资产负债表"上而不在"利润表"上体现。

第 4 步，营业税金及附加 = 增值税额 ×（城建费 7% + 教育费附加 3% + 地方教育附加费 2% 等）。

第 5 步，营业利润 = 营业收入 – 营业成本 – 营业税金及附加。

第 6 步，销售费用 = 营业收入 × 5%（包括进场费、促销费、广告费等）。

销售企业利润测算表

	A	B	C	D	E
2		项目	期末	%	相关项目 及 %
3	41	一、营业收入	13,600,000.00		第1步,预设要实现"税后利润136万"的经验数据
4	42	减:营业成本	8,840,000.00	35.0%	第2步,C4 = C3 *(1-D4)
5	43	减:营业税金及附加:	74,256.00	12.0%	第4步,C5 = C6+C7+C8 与"资产负债表32"相关
6		城市维护建设税	43,316.00	7.0%	第4-1,C6 = C26 * D6 与"资产负债表32"相关
7		教育费附加	18,564.00	3.0%	第4-2,C7 = C26 * D7 与"资产负债表32"相关
8		地方教育费附加	12,376.00	2.0%	第4-3,C8 = C26 * D8 与"资产负债表32"相关
9	44	二、营业利润	4,685,744.00		第5步,C9 = C3-C4-C5
10	45	减:销售费用	680,000.00	5.0%	第6步,C10 = C3 * D10
11	46	减:管理费用	2,176,000.00	16.0%	第7步,C11 = C12+C13+C14+C15
12		管理费用-工资	1,224,000.00	9.0%	第7-1,C12= C3 * D12
13		管理费用-社保	340,000.00	2.5%	第7-2,C13= C3 * D13
14		管理费用-房租	258,400.00	1.9%	第7-3,C14= C3 * D14
15		管理费用-杂项	353,600.00	2.6%	第7-4,C15= C3 * D15
16	47	减:财务费用	100,000.00		第8步,C16,根据借贷数额确定
17	49	三、利润总额	1,729,744.00		第9步,C17 = C9-C10-C11-C16
18	50	减:所得税费用	432,436.00	25.0%	第10步,C18 = C17 * 25%
19	51	四、净利润	1,297,308.00		第11步,C19 = C17-C18 与"资产负债表22"勾稽

资产负债表

	A	B	C	D	E
23		负债和股东权益	期末	%	相关项目 及 %
24	22	未分配利润	1,297,308.00		C24 = C19 与"利润表51"勾稽
26	32	应交税费	618,800.00	13.0%	第3步,C26 =(C3-C4)*D26 与"利润表-43"相关

第7步，管理费用＝营业收入×16%（包括人员工资9%、社保2.5%、房租1.9%，以及差旅、交际、车辆运输、办公、折旧等2.6%）。

第8步，财务费用：根据借贷数额确定。

第9步，利润总额＝营业利润－第6~8步涉及的各种费用。

第10步，所得税费用＝利润总额×25%。

第11步，净利润＝利润总额－所得税费用。

说明：发生销售收入时，企业需开具增值税发票如下：

发票中的"价税合计"由两部分构成：

一是发票的"金额"（销售收入额），记入"主营业务收入"账簿；

二是发票的"税额"（应交税额），发生销售收入额时计算出，记入"应交税费"账簿。"应交税费"是"资产负债表"中的账簿。"应交税费"中的增值税可作为"营业税金及附加"的计税依据。

本书的"应交税费"以增值税为例。

三是发票的"价税合计"（含税销售额），这是企业实收的金额，记入"银行存款""应收账款""应收票据"等账簿。

进货和销售商品时，涉及增值税的记账方法请参见"第三部分 第五章 第四节 采购商品范例（P145）和第五节 销售收入范例（P150）"。

练习题

运用根据"目标倒推法"设计的 EXCEL "表 4 销售企业利润测算表",完成以下练习。

练习 2-1,根据企业预设的经营目标"净利润"1,300,000 元,运用"目标倒推法"的 Excel,测算出"营业收入"为 13,000,000 元,毛利率为 36% 的"营业成本"时的净利润。

练习 2-2,根据企业预设的经营目标"净利润"1,300,000 元,运用"目标倒推法"的 Excel,测算出"营业收入"为 13,000,000 元,毛利率为 38% 的"营业成本"时的净利润,并与毛利率为 36% 时的净利润进行比较。

练习 2-3,根据企业预设的经营目标"净利润"1,300,000 元,运用"目标倒推法"的 Excel,测算出"营业收入"为 13,00,000 元,毛利率为 35% 的"营业成本"时,销售费用由 5% 调整为 4% 的净利润,并与销售费用为 5% 时的净利润进行比较。

练习 2-4,根据企业预设的经营目标"净利润"1,300,000 元,运用"目标倒推法"的 Excel,分别测算出"营业收入"为 13,000,000 元,毛利率为 35% 的"营业成本"时,销售费用由 5% 调整为 4%,管理费用——工资由 9% 调整为 8%,管理费用——房租由 1.9% 调整为 1.6% 之后的净利润,并与费用未调整时的净利润进行比较。

练习 2-5,根据企业预设的经营目标"净利润"1,300,000 元,运用"目标倒推法"的 Excel,分别测算出"营业收入"为 13,000,000 元,毛利率为 35% 的"营业成本"时,销售费用由 5% 调整为 4%,管理费用——工资由 9% 调整为 8%,管理费用——房租由 1.9% 调整为 1.6%,管理费用——杂项由 2.6% 调整为 2.2% 之后的净利润,并与费用未调整时的净利润进行比较。

需要说明的是,有些费用调整是指整体费用调整,但个体费用调整不但不能下调,反而需要上调,如"管理费用——工资",这时就要分拆指标,要求相关部门根据分拆的指标,减员增效。

二、生产企业盈亏测算范例

生产经营的目的是挣钱，而不是为了保本，因此一般不先测算盈利点，而是直接运用 Excel，采用"目标倒推法"，根据利润目标，大致进行**生产成本**的"固定成本""变动成本"分类，测算出单品定价、数量变化对利润的影响。

例如，某食品企业预设每月要实现"利润"20 万元（包含"营业税金及附加""销售费用""管理费用""财务费用"以及"所得税费用"）。

根据同业类似规模生产企业的经验数据，预估此目标大约每月需要实现的"营业收入"为 700,000~800,000 元。

根据同业类似规模企业的经验数据，倒推如果实现 40% 的"利润"，大约每月需要的"费用成本"为 500,000~570,000 元。

根据同业类似规模企业的经验数据，可预设各类费用成本在总成本中的百分比，倒推出各类需费用成本的大致金额。

借用食品厂"五香牛肉酱"和"香辣豆豉"两个品种的生产、销售经验数据，初步设定每月销售牛肉酱 40,000 瓶，豆豉酱 50,000 瓶，在已设计好的 Excel 中逐项填写，大致步骤如下：

第 1 步，根据同业类似规模企业或本企业经验数据并加权的百分比，填写"固定成本"中的分类成本，然后计算出"固定成本合计"。

第 2 步，单品固定成本 = 固定成本合计 / 单品当月产量。

第 3 步，分类包装费 = 分类单品包装费加权 × 数量。

第 4 步，分类单品食材费 = 分类单品食材费加权 × 数量。

（单品包装费和单品食材费是实际经验数据加权数，百分比只是根据经验估计比率）。

第 5 步，变动成本合计 = 分类包装费 + 分类食材费。

第 6 步，单品成本 = 单品包装费 + 单品固定成本 + 单品变动成本。

第 7 步，单品出厂价 = 单品成本 ×（1+40%）（利润率根据利润目标调整）。

第 8 步，当月单品销售总收入 = 单品出厂价 × 相应单品数量。

第 9 步，当月总成本 = 固定成本合计 + 变动成本合计。

第 10 步，当月出厂销售总收入 = 所有当月单品销售收入合计。

	A	B	C	D	E	F	G	H	I	J	K
1	生产成本分类	成本、费用		当月产量（瓶）	变动成本（瓶）	分类成本金额	成本预计%	固定成本（瓶）	单位成本（瓶）	单瓶出厂价（40%利润）	当月销售收入
2	固定成本、半固定成本	直接人工成本	生产工人工资+社保(固定成本)			153,300.00	30%				
3		制造费用成本	燃料费			25,550.00	5%				
4			生产车间场地费(固定成本)			35,770.00	7%				
5			机器折旧费(固定成本)			30,660.00	6%				
6			车间水电费			10,220.00	2%				
7			生产部门管理人员工资+社保(固定成本)			40,880.00	8%				
8			生产部门劳保费			5,260.00	1%				
9			生产部门杂费			5,260.00	1%				
10			其他								
11		固定成本合计	第1步			306,900.00	60%				
12	变动成本	直接材料成本	包装材料费	90,000	0.28	第3步，F12 =D12*E12	5%				
13			五香牛肉酱食材费	40,000	3.21	第4步，F13 =D13*E13		第2步，H13 =F11/D12	第6步，I13 =E12+E13+H13	第7步，J13 =I13*(1+40%)	第8步，K13 =D13*J13
14			香辣豆豉食材费	50,000	1.01	第4步，F14 =D14*E14	35%	第2步，H14 =F11/D12	第6步，I14 =E12+E14+H14	第7步，J14 =I14*(1+40%)	第8步，K14 =D14*J14
15			其他								
16		变动成本合计				第5步，F16 =(F12:F15)	40%				
17		总计				第9步，F17 =F11+F16	100%				第10步，K17 =K13:K15

会计实务中，采用**四舍五入**的计算方法，在 Excel 公式中使用 **ROUND**。例如，可将第 2 步 H14=F11/D12，改为 H14=**ROUND**(F11/D12,2)。

第一轮填写 Excel 并测算后，根据单品费用变动情况和市场竞争的现实性，再调整 Excel 中的数据，运用 Excel 的运算功能，进行微调。

例如，按上述方法测算牛肉酱 40,000 瓶，麻辣豆豉 50,000 瓶时，单价、收入如下：

生产成本分类		成本、费用	当月产量（瓶）	变动成本（瓶）	分类成本金额	成本预计 %	固定成本（瓶）	单位成本（瓶）	单瓶出厂价（40%利）	当月销售收入	当月利润
固定成本、半固定成本	直接人工成本	生产工人工资+社保			153,300.00	30%					
	制造费用成本	燃料费			25,550.00	5%					
		生产车间场地费			35,770.00	7%					
		机器折旧费			30,660.00	6%					
		车间水电费			10,220.00	2%					
		生产管理工资+社保			40,880.00	8%					
		生产部门劳保费			5,260.00	1%					
		生产部门杂费			5,260.00	1%					
		其他									
	固定成本合计				306,900.00	60%					
变动成本	直接材料成本	包装材料费	90,000	0.28	25,200.00	5%					
		五香牛肉酱食材费	40,000	3.21	128,400.00	35%	3.41	6.90	9.66	386,400.00	
		香辣豆豉食材费	50,000	1.01	50,500.00		3.41	4.70	6.58	329,000.00	
		其他									
	变动成本合计				204,100.00	40%					
总计					511,000.00	100%				715,400.00	204,400.00

说明：

1.不同生产企业可根据各自的实际情况，如有其他成本或费用，可参照此法自行增加。增减项目，参照此方法设计ExcelL，进行互动测算分析。

如果采用**四舍五入**的计算方法，在Excel公式中应使用**ROUND**，例如，可将第2步，I14 = G12 / E13，改为I14 = **ROUND** (G12 / E13,2)。

2.由于每个月的产量都不一样，导致每个月的变动生产成本是不一样的，因此每个月核算出来的当月单瓶成本均有差异，财务在计算的时候，采用加权平均法计算当月的实际成本。

3.制定出厂价需要考虑厂家的利润及市场同类产品的竞争价格，一旦确定，在一定时间内具有稳定性。

> 练习题

为便于理解产品数量增加对产品价格变化的影响，可采用"目标倒推法"设计的 Excel 完成练习，完成练习 2-6、练习 2-7、练习 2-8。进一步理解测算方法以及效果。

练习 2-6

为了降低单品价格，调整牛肉酱产量为 50,000 瓶，香辣豆豉产量为 60,000 瓶，测算单品售价、当月销售收入和当月利润的变动。

练习 2-7

为了降低单品价格，调整牛肉酱产量为 60,000 瓶，香辣豆豉产量为 60,000 瓶，测算单品售价、当月销售收入和当月利润的变动。

练习 2-8

为了降低单品价格，调整牛肉酱产量为 80,000 瓶，香辣豆豉产量为 80,000 瓶，测算单品售价、当月销售收入和当月利润的变动。

自然对应法则 Natural mapping

自然对应法则是指人们的认识或操作与常识或习惯自然而然地对应。

是否遵循自然对应法则,已经成为现代社会产品设计成功与否的一个基本条件。

第三部分

学记账——触类旁通十个范例

第一章　记账原理

《会计学基础》或《会计学原理》讲解会计学基础的"是什么""为什么""如何认识""如何操作"。完备的会计学原理以大量实践及检验为基础，它的正确性应该能被实践所检验与确认。其他需要背诵和记忆的规定性内容可参看应试教材。

记账方法是会计学基础中，认识和操作的一连串关联方式集合。记账方法是《会计学基础》的核心内容，也是会计学基础难学难懂的门槛。

多数学科录入数据，使用一个事项录入一次的**单式数据**录入法，因此易学易懂；会计学录入数据，为自检使用一笔业务录入两次的**复式数据**录入法，因此难学难懂。

会计学基础之所以难学难懂，是因为使用了令人困惑的"借、贷"(Debit、Credit)作为符号，定义原本清晰的"左、右栏目"。

解决问题的办法：抛掉令人困惑、又没有实际意义的"借、贷"符号，运用自然对应法则，解决记账的关键问题**左右**栏目，使得一切回归自然而然、简单明了。

本书提出会计学基础的**十字真言**："**用钱左、来钱右，左左右右**。"通过十个范例，举一反三、融会贯通。

一模一样记账，两小时就能掌握的方法，与一学期才能掌握的方法相比，优劣自辨。

《至简会计》一书使用的"左右记账法"兼容"借贷记账法"，优点是易学易用。

左右记账法是**三自然记账法**：

对应会计等式，账簿自然分为**左右**账簿；

账簿和凭证的金额栏自然分为**左右**栏目；

运用自然对应法则，自然对应**左左右右**。

左右记账法是中国哲学思想**道法自然**、**大道至简**的典型表现方式之一。

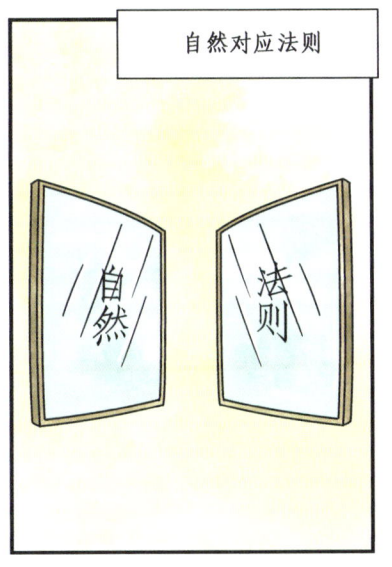

第一节 记账方法的分类

最基本的记账方法分为 流水记账法 (单式记账法) 和 分类记账法 (复式记账法 / 复式簿记) 两大类:

一、流水记账法

流水记账法是指在一个账簿上,根据业务发生的时间顺序,依次登记业务资金增减的记账方法。

最初,从文字描述记账改为简单分栏流水账时,登记金额只用一栏,样式如下:

时间	发生的事情	金额
5月10日	向老王借款	6,000元
5月11日	购买水果共付款	－620元
5月11日	付房租	－1,200元
5月12日	销售水果共收款	160元
5月12日	支付电费	－60元

后来,简单分栏流水账改为金额分栏流水账,原先登记金额的一栏根据金额的"增、减"或"收、支",分为"左、右"两栏,样式如下:

时间	发生的事情	金额	
		增或收	减或支
5月10日	向老王借款	6,000元	
5月11日	销售水果共付款		620元
5月11日	付房租		1,200元
5月12日	销售水果共收款	160元	
5月12日	支付电费		60元

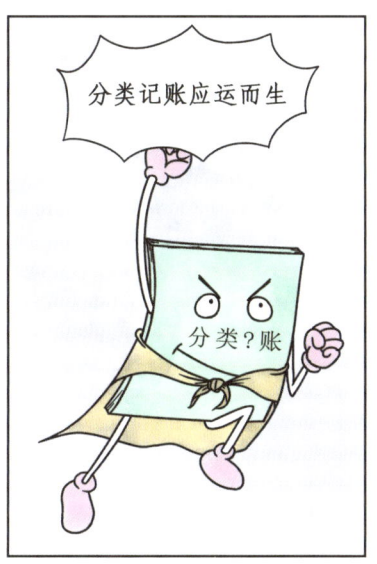

二、分类记账法

分类记账法（复式记账法/复式簿记）是在一个账簿上登记资金变化时，同时在另一（几）本账簿上分类登记相关业务的记账方法。分类记账法可以及时了解各类账目的余额或累计数。

所有分类账簿的格式都沿用了金额分栏流水账的格式，登记金额栏目分为"左、右"两栏，至于"左栏"用什么符号表示，"右栏"用什么符号表示，后面会讲解，样式如下：

账簿名称：库存现金

时间	摘要	借	贷	累计
	结转			1,000
5月12日	销售水果	160		1,160

账簿名称：库存商品

时间	摘要	借	贷	累计
	结转			600
5月12日	销售水果		160	440

不论登记金额的左右两栏使用什么记账符号，所有账簿中，登记金额的左右两栏都可使用小 T 来表示（竖式只是一种变形）。

练习 3-1　理解将流水账的账目分类登记在分类账簿上。

练习将一本流水账簿的内容分类登入分类账簿的现金日记账和银行存款日记账（此处的记账符号暂用"收""付"）。

一本流水账簿

日期	摘要	收	付	累计
	张山投资	100,000		100,000
	李思投资	100,000		200,000
	银行贷款	600,000		800,000
	转账租厂房		10,000	790,000
	银行提取现金		30,000	760,000
	库存现金	30,000		790,000
	转账租机器		12,000	778,000
	转账购买原材料		100,000	678,000
	现金支付费用		2,000	676,000
	转账支付费用		16,000	660,000
	现金支付工资		26,000	634,000

两本分类账簿

现金日记账

日期	摘要	收	付	累计

银行存款日记账

日期	摘要	收	付	累计

* 此练习的记账符号沿用中国以前使用过的概念清晰的"收""付"，暂未使用 令人困惑的"借""贷"（对照 P266）。

第二节　记账方法的比较

方法的优劣与否,取决于其在实践中的完备性和易用性(效率高、效果好,防错易),而不取决于其理论是否高深。在同样能解决问题的前提下,方法越简单越好,数学定理和物理定律的表述方法都是如此。

一、比较完备性

左右记账法与借贷记账法的会计原理、操作方法、记账工具完全相同。两者无任何转换成本,两者都具有国际通用的完备性。

收付记账法、增减记账法不具有国际通用的完备性。

二、比较易用性

一两个小时就可以学会左右记账法,用于手工记账想错都难;

几十个小时才能够学会借贷记账法,用于手工记账难免出错。

收付记账法、增减记账法使用的记账符号简明易懂,学用皆易,但使用的记账凭证数量比左右记账法与借贷记账法多一倍,为了减少凭证数量而改进的记账凭证的格式比左右记账法与借贷记账法的繁琐、复杂(详见附录三"会计演进简史",P262)。

三、比较兼容性

左右记账法与借贷记账法是平衡对称记账法,"左、右"完全兼容"借、贷"。

收付记账法、增减记账法是平衡非对称记账法,无法兼容借贷记账法(详见P266)。

第二章 记账方法

第一节 五大类账簿

直到 19 世纪中期之后，人们才深刻认识到使用分类账簿的好处，并总结出所有分类账簿大体上可以归入五大类：资产、负债、股东权益、收入和支出[①]。为了便于读者理解每一个账簿应该归到哪一类，本书使用日常语言来解释每一大类的含义。

资产，大体是指企业所拥有的、可支配的、直接用来挣钱的"钱和物"。这些钱和物一般都使用数字来登记和计算。资产类包括库存现金、银行存款、库存商品、原材料，还有企业拥有的固定资产，企业赊销商品的应收账款等也算是资产。

负债，大体是指企业借入的钱和应付出的钱。包括借款、各种应该支付、但是还没支付的钱。负债类里面有长期借款、短期借款、应付职工薪酬、应付账款、应交税费等。

股东权益，简单地说，股东投资，就有权利获得利益。股东投资和公司赚到的钱（本年利润），都属于全体股东所有，统称为股东权益，而经营权则归企业经营管理者。

收入，简单地说，收入类包括企业在销售商品或者提供服务后，已经收到的或即将收到的款项。

支出，即广义费用，大体是指企业为赚钱所支付的所有开支。支出类包括销售费用、管理费用、财务费用、生产成本和税费等。税费在此分为两种：一种是营业税金及附加，另一种是所得税费用，不包括负债类的应交税费（增值税等）。

---

① 绿色表示左账簿，橙色表示右账簿。本章第三节详细讲解。

第二节 账簿名称

五类账簿中，**分类账簿名称**是用以识别账簿用途的专门称呼，从多数账簿名称中可以直接看出该**账簿的用途**。

资产类

库存现金：登记存放在公司的少量库存现金的金额。

银行存款：登记经银行转账、汇款、收款后结存的金额。

应收账款：登记应当收取但尚未收到的金额。

应收票据：登记未到期或未兑现的商业票据。

原材料：登记生产用的各种消耗原料和材料的金额。

库存商品（存货）：登记自制或购入的，可以对外销售的商品金额。

固定资产：登记生产和办公所使用的场地、设备、办公用品等大件、高价值不动产的金额。

负债类

长期借款：登记向银行或其他人一年期以上借款的金额。

短期借款：登记向银行或其他人一年期以下借款的金额。

应付账款：登记因购买材料、商品和接受劳务供应等经营活动应支付的款项。

应付职工薪酬：登记应付给职工的工资总额。

应交税费：登记与销售收入同时产生的代收应交的税款，如增值税、城建税、消费税的金额，以及计算之后跨月缴纳的所得税费用等。

股东权益类

股本，即实收资本：登记股东投资的金额。

本年利润：逐月登记计算出的当月利润金额等。

利润分配：登记经董事会研究，分配的利润。

收入类

主营业务收入：登记企业经常性的、主要业务所产生的基本收入的金额。

其他业务收入：登记企业主营业务收入以外的所有与生产经营活动直接相关

的收入的金额。

营业外收入：登记企业确认与企业生产经营活动没有直接关系的各种收入的金额。

支出类（广义费用类）

主营业务成本：间接登记（结转）公司生产和销售与主营业务有关的产品或服务所必须投入的直接成本，主要登记结转入的已售存货、原材料、人工成本（工资）和固定资产折旧等。

营业税金及附加，是以增值税等为基础计算出的教育和城建税费及附加费。

销售费用：登记企业在销售产品、自制半成品和提供劳务等过程中发生的各项费用。

财务费用：登记企业在生产经营过程中为筹集资金而发生的筹资费用。

管理费用：登记企业行政管理部门为组织和管理生产经营活动而发生的各项费用。

制造费用：登记企业产品生产过程中消耗的生产资料的价值和支付的劳动报酬之和。

所得税费用：登记企业应当从利润中扣除的所得税费用的金额。

其他账簿，多数可以根据"见到账簿名称，知道账簿用途"的特点，判断每一本账簿用于登记哪种业务。对于初学者而言，日常记账可参见附录，常见的账簿已在其中，附录可以基本上满足大部分人的需要。

第三节　会计等式

为了减少一项业务分别记入两个（或以上）账簿上出现差错的可能性，人们设计了检验用的**会计平衡等式**[①]。

基本会计等式的依据是，"企业直接用来挣钱的这类东西的总金额"，等于"股东投入的一类东西，加上企业借来或欠着的一类东西的总金额"。

基本会计等式　资产 = 股东权益 + 负债

经营开始以后，企业直接用来挣钱的东西的总金额，等于股东投入的东西，加上企业借来或欠着的东西，再加上企业挣来的东西（这类东西称为利润）的总金额。

经营会计等式　　资产 = 股东权益 + 负债

收入 − 支出　　（利润 = 收入 − 支出）

为了提高会计等式的易用性，将"支出"移项到等式左边，并整理成易用会计等式：

易用会计等式　资产 + 支出 = 股东权益 + 负债 + 收入

第四节　左右记账法

一、左右记账法

左右记账法是**三自然记账法**：
对应会计等式，账簿自然分为左右账簿；
凭证和账簿的金额栏自然分为左右栏目；
运用自然对应法则，自然对应左左右右。

---

① 有些会计书上有不同称谓，如会计恒等式、会计方程式等，其中"会计方程式"的称谓并不能准确体现利用"等式左右是否平衡"来自检账簿是否登记出错这一主要功能。

1. 左右账簿（大 T 表）

对应会计等式，账簿自然分为左右账簿：

$$资产 + 支出 = 股东权益 + 负债 + 收入$$

大 T 表

左右账簿表

左账簿	右账簿
资产类	负债类
库存现金	短期借款
银行存款	长期借款
原材料	应付账款
库存商品	应付职工薪酬
固定资产	应交税费
无形资产	
	股东权益类
支出类	股本（实收资本）
营业税金及附加	资本公积
销售费用	盈余公积
管理费用	未分配利润
财务费用	
主营业务成本	收入类
所得税费用	主营业务收入
	其他业务收入
	营业外收入
	资产备抵类
	累计折旧

其他账簿名称（科目）可以参阅会计准则，自行归入左账簿或右账簿。

2. 左右栏目（小 T 表）

抛弃没有实际意义却令人困惑的"借、贷"符号，账簿或记账凭证的金额栏自然分为左栏和右栏。

本书账簿或凭证暂保留（借、贷）符号，既便于老会计使用，也可显示其毫无用处。

小 T 表

账簿名称		分类账簿		第 页
日期	凭证号	摘要	左（借） 右（贷）	余额

3. 自然对应（大 T 表 + 小 T 表）

运用自然对应法则，自然对应左左右右。

左账簿，增加额自然对应记入凭证和账簿左栏，减少额自然记入相反栏；

右账簿，增加额自然对应记入凭证和账簿右栏，减少额自然记入相反栏。

左左、右右 自然对应。

大 T 表 + 小 T 表

左账簿		右账簿		
资产	费用	负债	股东权益	收入
左　右	左　右	左　右	左　右	左　右
＋　－	＋　－	－　＋	－　＋	－　＋
余额	余额	余额	余额	余额

二、左右记账的原理

为何科学发现的复式记账规律是左左右右自然对应，即左账簿的增加额记入账簿的左栏，右账簿的增加额记入账簿的右栏呢？

左左右右记账的依据是数学的移项，将"分类账簿通用格式"抽象的小T图整体移项如下：

移项前，小T图的左方符号为"＋"表示增加，右方为"－"表示减少；

移项后，等式右边的账簿小T图不变，而"＋""－"符号改变。

左	右		左	右		左	右
＋	－	移项后成为 －（ ＋	－ ） 去括号成为	－	＋

三、左右记账的要点

要点一，记账的要求：明确增减。

记账过程中，要明确每笔业务的金额增减变化。

要点二，记账的规则：有左有右，左右相等。

练习 3-2 根据账簿的名称理解账簿的用途

账簿的名称概括了这个账簿所记录的业务的性质，请根据下表的账簿名称，参考本书第二章讲解的内容，试填写每一本分类账簿的用途，即用于登记什么业务。

账簿名称	用　途
库存现金	用于登记存放在公司的少量现金的金额。
银行存款	用于登记经银行转账、汇款或结存的金额。
应收账款	用于登记应当收取但尚未收到的金额。
库存商品	用于登记自制或购入的、可以对外销售的商品金额。
原材料	用于登记生产用的各种消耗材料的金额。
固定资产	
管理费用	
财务费用	
销售费用	
主营业务成本	
所得税费用	
股本	
本年利润	
利润分配	
长期借款	
短期借款	
应付账款	
应付职工薪酬	
主营业务收入	
应交税费	
累计折旧	
坏账准备	

第三章　记账工具

第一节　记账凭证

　　<u>记账凭证</u>是会计人员根据原始凭证，按照业务事项填制的一张简表。记账凭证是登记分类账簿的基础。

　　分类记账时，如果每一次都直接记到账簿上，拿取账簿十分烦琐。人们在实践中摸索出，每发生一笔业务，就先用一张简表预先分类登记，积累了一定数量的简表之后，再将各个简表中涉及"同一账簿"的内容逐一转登到这个账簿上。依次挑选，依次登账簿，化直接登账簿的烦琐为简易。后来，人们又发现这张简表还可以用来粘贴原始凭证。经过不断完善，这张原先用来分类登记的简表定型为记账凭证（简称凭证）。记账凭证的作用主要有两方面：

　　一是为原始凭证提供生根之处。把各项业务的原始凭证，如发票、银行入账通知单、费用报销单、差旅费报销单或借款单等，贴在记账凭证背后。这样既便于登账簿之前审批，也便于以后查对。

　　二是为转登账簿提供方便。因为填制凭证和转登账簿都遵循左左右右的记账规律，所以转登账簿时，凭证左栏对应记入账簿左栏，凭证右栏对应记入账簿右栏。记账凭证的实际样式如下：（为便于比较，暂用"借、贷"符号的记账凭证样式）

记　账　凭　证
2006 年 12 月 1 日　　　　　　　　　　第　1　号

摘　要	总账科目	明细科目	✓	借方金额 千百十万千百十元角分		贷方金额 千百十万千百十元角分
从银行提现	现金		✓	1000000		
	银行存款				✓	1000000
合　计				¥1000000		¥1000000

财务主管　张立　　记账　王攀　　出纳　孙亚　　审核　秦悦　　制单　韩俊

第二节 分类账簿

分类账簿是具有一定格式，由若干账页组成的，对所有经济业务按时序分类登记账目的表格式记录本。账簿登记的内容以记账凭证为依据。

目前使用的分类账簿主要有两大类：

一、日记账簿

日记账簿是从流水账簿直接演变出来的，每发生一项业务，就按照日期及收支金额记一笔账的账簿。日记账和流水账主要的区别是把一本流水账簿分成了两本：一本叫作"现金日记账"，另一本叫作"银行存款日记账"。

日记账簿的实际样式如下：（为便于比较，暂用"借、贷"符号的账簿样式）

总账科目：现金 明细科目：						第 页
2006年 月 日	凭证 字、号	摘要	借方 百十万千百十元角分	贷方 百十万千百十元角分	借或贷	余额 百十万千百十元角分
		期初余额			借	1 4 5 8 9 5
12 1	1	提取现金	1 0 0 0 0 0 0			
12 1	2	张三借差旅费		5 0 0 0 0		
12 3	3	张三出差交来物款	1 2 0 0 0			
12 3	4	发现短缺现金		8 0 0 0		
12 31	35½	提现	3 0 0 0 0 0 0			
12 31	35½	发放工资		3 0 0 0 0 0 0		
		本月合计	4 0 1 2 0 0 0	3 0 5 8 0 0 0	借	1 0 9 9 8 9 5

日记账簿是为了加强管理而设的特种账簿，由出纳人员根据经手的库存现金或银行转账的业务随时登记，并定期与会计负责登记的总分类账核对，以检查是否有哪项业务漏记或错记了。无论会计登记的"银行存款"总分类账是否设有明细分类账，都必须为出纳配置日记账。账簿之间的层级关系如下表所示：

总分类账名称 （一级科目）	明细分类账名称 （二级科目）	三级分类账名称 （三级科目）	N级分类账名称 （N级科目）
库存现金	无	无	无
银行存款	人民币存款	中国工商银行	……
		中国银行	……
		……	……
	外币存款	美元	……
		欧元	……
		……	……

登记流水账式的日记账简便易行。可是，当人们需要了解增加的资金是从哪里来的，是来自股东投资、借款，还是销售收入？或者需要了解减少的资金用到哪里去了，是购入了商品、固定资产，还是支付了各种费用？这时，只登记流水账式的日记账就不方便了。

二、分类账簿

分类账簿是指一笔业务同时在两个（几）个上分类登记时所使用的账簿。

为了随时了解资金的来源与去向，人们摸索出了分类记账法，此方法指的是每当发生一项业务时，就按照发生业务所涉及的种类，在一个分类账簿上登记资金的金额增加或减少，同时，在另一个（或几个）分类账簿上，登记这笔资金的来源与去向。特殊情况的数量不多，例如，结转成本等并不登记资金变化。

分类记账可以使每个账簿的累计数（或余额）一目了然。

本书主要介绍在分类账簿上登记的分类记账法，会计学中称复式记账法。

分类账簿的常见样式，与日记账簿的样式是一样的（为便于比较，暂用"借、贷"符号的账簿样式）。

明细分类账

总账科目：财务费用
明细科目：
第　　页

2006年 月 日	凭证字、号	摘要	借方	贷方	借或贷	余额
12 6	11	收到到期票据利息		1 5 0 0 0		
12 16	31	支付借款利息	5 0 0 0 0			
12 16	32½	支付银行承兑手续费	6 0 0 0			
12 26	57	收到利息		1 4 5 0 0 0		
12 27	58	支付金融机构手续费	1 2 0 0 0 0			
12 31	63¾	结转本月费用		1 6 0 0 0		
		本月合计	1 7 6 0 0 0	1 7 6 0 0 0	平	0

依照会计准则，根据企业需要，可以分级设置分类账簿。

1. 一级分类账簿称为**总分类账**。总分类账需要预设页码并在目录页中标明。
2. 二级分类账簿称为**明细分类账**。明细分类账可以根据企业需要自行确定。
3. 三级、四级分类账簿等可以根据企业实际需要设置。

分类账簿的分级如下所示：

总分类账 （一级科目）	明细分类账 （二级科目）	三级分类账 （三级科目）	N级分类账 （N级科目）
库存商品	印刷材料	光纤	……
		油墨	……
		钢带	……
		……	
	电器	终端机	……
		计算机	……
		……	
固定资产	建筑物	办公楼	……
		厂房	……
	机器设备	光缆设备	……
		检测设备	……
		……	

　　会计法规只针对少数总分类账（总账科目）规定了明细分类账（二级科目）的名称，企业应当遵照执行。

练习 3-3　理解将流水账的账目分类登记在分类账簿上。

练习将流水账簿中的黑体字部分的金额，分别登入"银行存款"和"销售费用"两个分类账簿的左栏或右栏（此笔业务根据实际业务中金额的增加或减少，按左栏登入增加额，右栏登入减少额。不同业务后面详解）。

一本流水账簿

日期	摘要	收	支	累计
2012/4/1	张山投资	500,000		
2012/4/2	李思投资	500,000		1,000,000
2012/4/3	银行贷款	600,000		1,600,000
2012/4/4	转账租厂房		10,000	1,590,000
2012/4/5	转账租机器		12,000	1,578,000
2012/4/6	转账购买原材料		30,000	1,548,000
2012/4/7	现金支付费用		2,000	1,546,000
2012/4/9	转账支付销售费用		16,000	1,530,000
2012/4/10	现金支付工资		26,000	1,504,000

两本分类账簿

账簿名称　**银行存款**　　　（登记企业从银行转账的钱款）

日期	摘要	左（借）	右（贷）	累计
	存款结余			1,600,000
2012/4/4	转账租厂房		10,000	1,590,000
2012/4/5	转账租机器		12,000	1,578,000
2012/4/6	转账购买原材料		30,000	1,548,000

账簿名称　**销售费用**　　　（登记销售费用增加）

日期	摘要	左（借）	右（贷）	累计
	费用累计			0

练习 3-4　理解自然对应要则一，明确增减。

在已经选择好的分类账簿上，根据发生的业务，判定金额是增加还是减少。

发生的业务	选择分类账簿
投资者投资	定选银行存款（　）；定选股本（　）。
借入长期借款	定选银行存款（　）；定选长期借款（　）。
归还短期借款	定选银行存款（　）；定选短期借款（　）。
购置固定资产	定选固定资产（　）；挑选银行存款（　）或应付账款（　）。
购买商品	定选库存商品（　）及应交税费—增值税—进项税额（　）； 挑选银行存款/库存现金（　）或应付账款（　）。
销售商品	挑选库存现金/银行存款/应收账款（　）； 定选主营业务收入及应交税费—增值税—销项税额（　）。
支付费用	挑选管理费用/财务费用/销售费用（　）；挑选银行存款/库存现金（　）。
发放管理人员工资	定选管理费用（　）；挑选银行存款/库存现金（　）。
偿还应付款项	定选银行存款（　）；定选应付账款（　）。
结转成本	定选主营业务成本（　）；定选库存商品（　）。
计提所得税	定选所得税费用（　）；定选应交税费—企业所得税（　）。
缴纳所得税	定选银行存款（　）；定选应交税费—企业所得税（　）。
计算利润	1. 定选主营业务收入—转出使得金额（　）； 　　定选本年利润—转入使得本年利润（　）。 2. 定选主营业务成本—转出使得金额（　）； 　　定选本年利润—转入使得本年利润（　）。 3. 定选销售费用—转出使得金额（　）； 　　定选本年利润—转入使得本年利润（　）。 4. 定选营业税金及附加—转出使得金额（　）； 　　定选本年利润—转入使得本年利润（　）。 5. 定选所得税费用—转出使得金额（　）； 　　定选本年利润—转入使得本年利润（　）。

* 因规定时有调整，选择账本请按照修订后的最新规定执行。

** 定选是指根据业务的情形，一定要选的账簿，挑选是指可以在几个账簿中挑选一本。例如，购置机器设备时，一定要选"固定资产"账簿；同时根据付款方式，可以在"银行存款"或"应付账款"中选择一本。

第三节　会计报表

为了全面、直接地反映企业的经济数据，人们设计了会计报表，这些报表数据主要源自各个分类账簿的余额。会计报表既可以直接看数据，更可以计算出一些会计指标来检查企业经营的整体情况。最常见的会计报表有资产负债表、利润表（损益表）和现金流量表。

一、资产负债表

资产负债表反映企业可支配的资产中，有多少是企业股东自有的（股东权益）？有多少是企业借入或应付出的（负债）？二者的比例是多少？资产负债表还可以用来检验账簿登记的对错。如果"资产合计"和"负债＋股东权益合计"不平衡，一定存在错记的地方，但是平衡了不一定全对，例如，在两个账簿上重复登记一样的数字，仍然表现为平衡。

表1　　　　　　　　　　　　　　　　资产负债表

勾稽关系		左账簿				右账簿			勾稽关系
		资产	期末余额	年初余额		负债和股东权益	期末余额	年初余额	
		资产				**负债**			
表3-95	1	货币资金	1,730,367		21	短期借款			
	3	应收票据			22	长期借款	1,000,000		
	4	应收账款			26	应付账款			
					27	应付职工薪酬			
	9	存货	267,257		28	应交税费	-24,976		
		原材料							
	18	固定资产	3,000,000			**股东权益**			
		无形资产			31	股本（实收资本）	4,000,000		
					32	资本公积			
					35	盈余公积			
					36	未分配利润	22,600		表2-66
		资产总计	4,997,624			负债和股东权益总计	4,997,624		

* 全书"表1资产负债表、表2利润表、表3现金流量表"外侧的数字是指此表的某项与相关表的某项勾稽。例如"表1"左侧的"表3-95"是指"表1的1项"与"表3的95项"相勾稽。

二、利润表

利润表反映企业赚钱的能力,也就是盈利能力。从表2中可看出,收入包括多种收入,费用支出也包括多种支出。利润表可以反映企业在一定期间生产经营得到的净利润,可据以判断企业投资回报的效果。

需要注意的是,**利润≠赚钱**,这一点还要进一步分析。

表2　　　　　　　　　利润表

勾稽关系		项目	本期金额	上期金额
	41	一、营业收入	391,947	
	42	减:营业成本	316,814	
	43	税金及附加		
	46	销售费用	45,000	
	47	管理费用		
	48	财务费用		
	49	研发费用		
	50	二、营业利润		
	51	加:营业外收入		
	52	减:营业外支出		
	60	三、利润总额	30,133	
	61	减:所得税费用	7,533	
表1-36	66	四、净利润	22,600	

三、现金流量表

现金流量表反映企业经营活动、投资活动、筹资活动所产生的现金流量。本书简单介绍后,有兴趣的读者可进一步学习。

表3　　　　　　　现金流量表

	项目	本期金额	上期金额
	一、经营活动产生的现金流量		
71	销售商品、提供劳务收到现金	442,900	
72	收到的税费返回		
73	其他		
74	经营活动现金流入小计	442,900	
75	购买商品、接受劳务支出现金	660,000	
76	支付给职工的现金	30,000	
77	支付其他与经营活动有关的现金	15,000	
78	支付的各项税费	7,533	
79	经营活动现金流出小计	712,533	
80	经营活动产生的现金流量净额	-269,633	
81	**二、投资活动产生的现金流量**		
82	购建固定资产	2,800,000	
83	投资活动产生的现金流量净额	-2,800,000	
91	**三、筹资活动产生的现金流量**		
92	筹资活动产生的现金流量净额	4,800,000	
93	四、汇率变动对现金影响		
94			
95	六、期末现金余额	1,730,367	

表1-1

企业需要设计一些财务指标,用来分析经营状况。这些指标所涉及的报表可以从本书第一部分了解。

第四章 记账环节

记账的全过程主要包括三个环节，预填凭证→转登账簿→汇总报表。

会计记账三环节

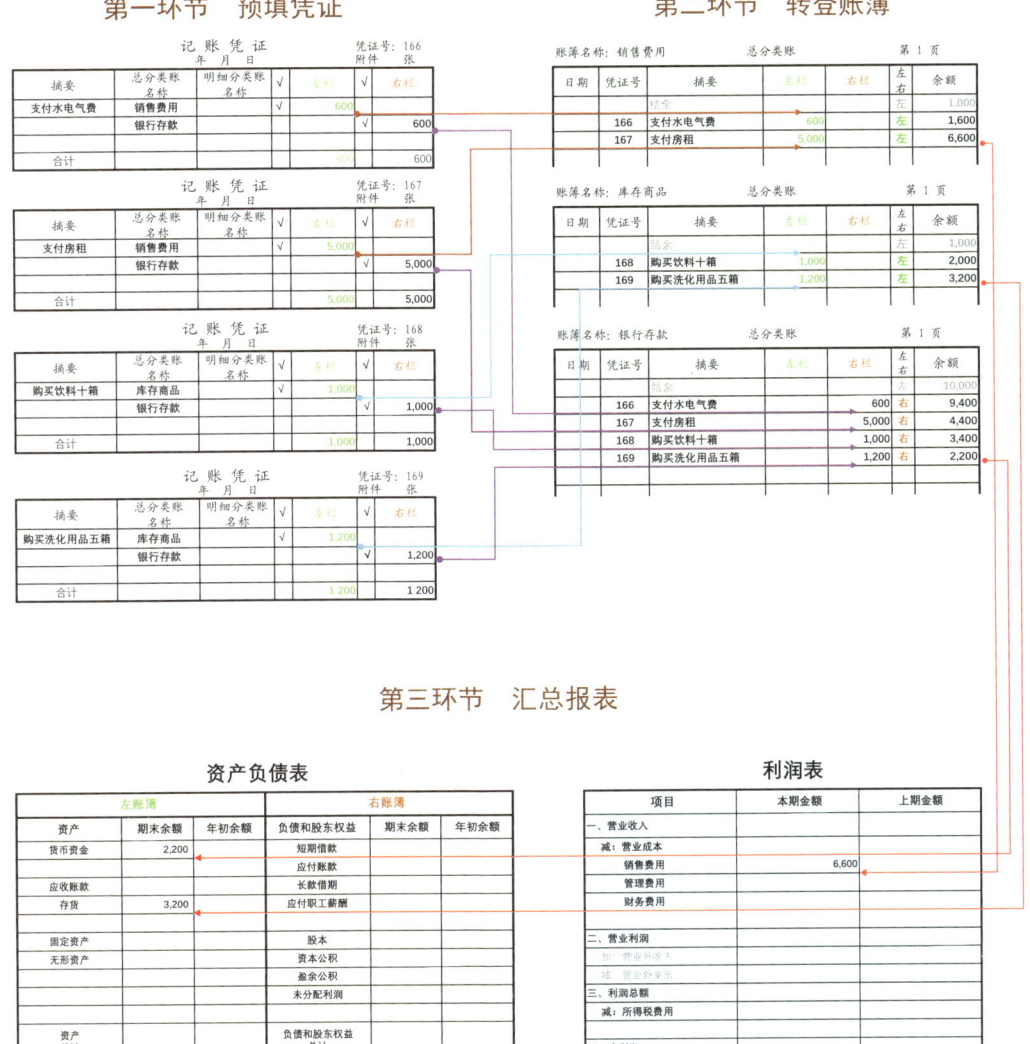

第一节 填制凭证

记账的**第一个环节**是**填制凭证**,这是记账的关键环节。

填制记账凭证时,根据所发生的业务,在凭证上填制五个要素,即日期、编号、账簿名称、业务摘要说明和金额。

会计分录是指会计根据发生的业务,填制记账凭证时,所使用的方法:
一选账簿名称,二选金额栏目,三填业务金额。**关键是选栏目**。

填制记账凭证主要分为两步:

一、选择账簿名称 (可根据实际情况增加或调整)

序号	发生业务	选择分类账簿
1	股东投资	选择"银行存款、股本"两个账簿。(其他投资另设)
2	长期借款	选择"银行存款、长期借款"两个账簿。
3	购置固定资产	选择"固定资产、银行存款/应付账款"两个账簿。"固定资产"可选择明细分类账簿(平行记账)。
4	购买商品	选择"库存商品、应交税费、应交税费-增值税-进项税额、银行存款/库存现金/应付账款"四个账簿。"应交税费"应选择明细分类账簿(平行记账)。
5	销售收入	选择"银行存款/库存现金/应收账款、主营业务收入、应交税费、应交税费-增值税-销项税额"四个账簿。"应交税费"应选择明细分类账簿(平行记账)。
6	支付销售费用	选择"销售费用、银行存款/库存现金"两个账簿。"费用"账簿可选择明细分类账簿(平行记账)。
7	结转成本	选择"主营业务成本、库存商品"两个账簿。
8	缴纳所得税	选择"所得税费用、应交税费、应交税费-企业所得税、银行存款"四个账簿。
9	结算净利润	选择"主营业务收入、主营业务成本、销售费用、所得税费用、本年利润"五个账簿。
10	结转本年利润	选择"本年利润、未分配利润"两个账簿。
其余业务可以参照此表的十例进行类比记账。		

* 选择账簿请依据修订后发布的最新规定执行。
** 此表中的"/"表示在几个账簿中挑选一本。例如,"银行存款/库存现金/应付账款",表示三选一。
*** 因"至简"特色,全书类似"购置固定资产"类项目省略涉税业务。

填制凭证的第一步是选择这笔业务所涉及的分类账簿。企业发生的业务虽多，但每一项业务所涉及的账簿其实不过几本，读者只需要学习十个范例，然后举一反三，自制适合本企业使用的"选择账簿表"。

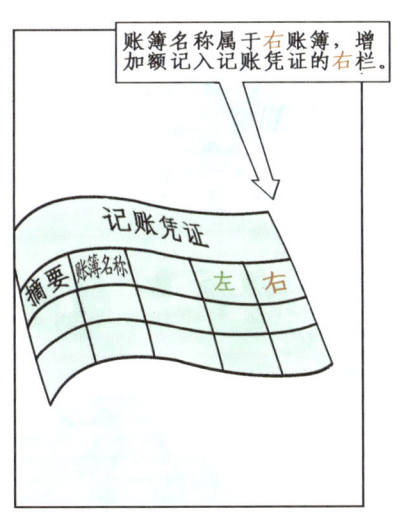

二、选择金额栏目

选好两个（几个）账簿后，关键在于第二步，选择在凭证的左栏还是右栏登记金额。

选择方向依据左右账簿（大 T）、左右栏目（小 T）和自然对应（大 T+ 小 T）。

知道了账簿是用钱的左账簿或来钱的右账簿之后，便可根据记账的规律左左右右，在凭证上选择登记金额的栏目：

用钱的左账簿，增加额记入凭证的左栏；减少额自然记入相反栏。

来钱的右账簿，增加额记入凭证的右栏；减少额自然记入相反栏。

同时，还要注意记账的规则：有左有右、左右相等。

例如，某企业于 × 年 × 月 × 日，通过银行支付了水电气费 600 元、房租 5,000 元，购买了饮料 1,000 元和洗化用品 1,200 元，会计可根据记账的规律，在凭证上预先登记如下：

填制凭证这一环节，分为两步：

第一步，选择账簿："库存商品、银行存款、销售费用"。

第二步，选择栏目：

第 166-167 号，用钱的左账簿"销售费用"，增加 600 元和 5,000 元，自然对应记入凭证左栏；

第 166-167 号，用钱的左账簿"银行存款"，减少 600 元和 5,000 元，相反记入凭证右栏。

第 168-169 号，用钱的左账簿"库存商品"，增加额 1,000 元和 1,200 元，自然对应记入凭证左栏；

第 168-169 号，用钱的左账簿"银行存款"，减少 1,000 元和 1,200 元，相反记入凭证右栏。按"左左右右"的规律，减少额应记入增加额的相反栏目。

每一次凭证转登账簿结束，都要在凭证中打"√"，表示已经转登过了，打"√"这一操作，此后不再赘述。

* 金额的增加额：自然对应颜色，左账簿用绿色，右账簿用橙色。
　金额的减少额：统一用黑色。记入增加额的相反栏，

** 此例侧重讲解如何选择金额栏目，涉税事项请见后文范例。

摘要	总分类账名称	明细分类账名称	√	左栏	√	右栏
		记账凭证 年 月 日			凭证号：166 附件 张	
支付水电气费	销售费用		√	600		
	银行存款				√	600
合计				600		600

摘要	总分类账名称	明细分类账名称	√	左栏	√	右栏
		记账凭证 年 月 日			凭证号：167 附件 张	
支付房租	管理费用		√	5,000		
	银行存款				√	5,000
合计				5,000		5,000

摘要	总分类账名称	明细分类账名称	√	左栏	√	右栏
		记账凭证 年 月 日			凭证号：168 附件 张	
购买饮料十箱	库存商品		√	1,000		
	银行存款				√	1,000
合计				1,000		1,000

摘要	总分类账名称	明细分类账名称	√	左栏	√	右栏
		记账凭证 年 月 日			凭证号：169 附件 张	
购买洗化用品五箱	库存商品		√	1,200		
	银行存款				√	1,200
合计				1,200		1,200

第二节 转登账簿

记账的第二环节是转登账簿。积累了一定数量的记账凭证之后，将各个凭证中涉及同一账簿的内容逐一转登到这个账簿上。如将各个涉及"库存现金"账簿的凭证挑出来，一起转登到"库存现金"账簿上；将各个涉及"银行存款"的凭证挑出来，一起转登到"银行存款"账簿上；将各个凭证中，涉及"库存商品"的内容挑出来，一起转登到"库存商品"账簿上。

例如，将166号至169号四张记账凭证所涉及的三个账簿挑选出来，将凭证中所有要转登到账簿中的内容，尤其是登记金额的左栏、右栏，对应转登到凭证涉及的三个账簿上的左栏、右栏。

记账凭证 凭证号：166

摘要	总分类账名称	明细分类账名称	√	左栏	√	右栏
支付水电气费	销售费用		√	600		
	银行存款				√	600
合计				600		600

记账凭证 凭证号：167

摘要	总分类账名称	明细分类账名称	√	左栏	√	右栏
支付房租	管理费用		√	5,000		
	银行存款				√	5,000
合计				5,000		5,000

记账凭证 凭证号：168

摘要	总分类账名称	明细分类账名称	√	左栏	√	右栏
购买饮料十箱	库存商品		√	1,000		
	银行存款				√	1,000
合计				1,000		1,000

记账凭证 凭证号：169

摘要	总分类账名称	明细分类账名称	√	左栏	√	右栏
购买洗化用品五箱	库存商品		√	1,200		
	银行存款				√	1,200
合计				1,200		1,200

账簿名称：销售费用　总分类账　第1页

日期	凭证号	摘要	左栏	右栏	左右	余额
		结余			左	1,000
	166	支付水电气费	600		左	1,600
	167	支付房租	5,000		左	6,600

账簿名称：库存商品　总分类账　第1页

日期	凭证号	摘要	左栏	右栏	左右	余额
		摘要			左	1,000
	168		1,000		左	2,000
	169		1,200		左	3,200

账簿名称：银行存款　总分类账　第1页

日期	凭证号	摘要	左栏	右栏	左右	余额
		结余				10,000
	166	支付水电气费		600	右	9,400
	167	支付房租		5,000	右	4,400
	168	购买饮料十箱		1,000	右	3,400
	169	购买洗化用品五箱		1,200	右	2,200

第三节 编制报表

记账的第三环节是编制会计报表。为便于全面了解企业的经营状况，进行财务分析，会计在一定的时间段内，比如一个月，将所有账簿的余额或累计数都分别转登到会计报表上进行统计。主要汇总登记并编制的会计报表有资产负债表、利润表和现金流量表。

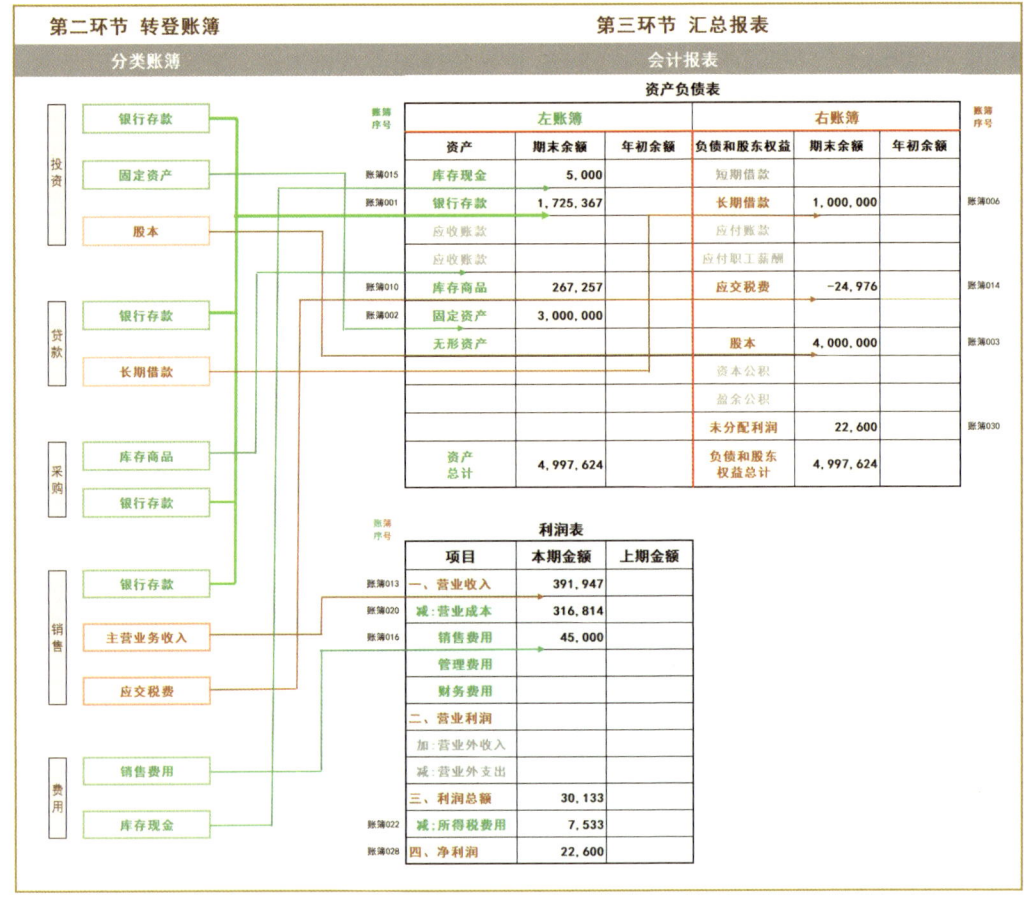

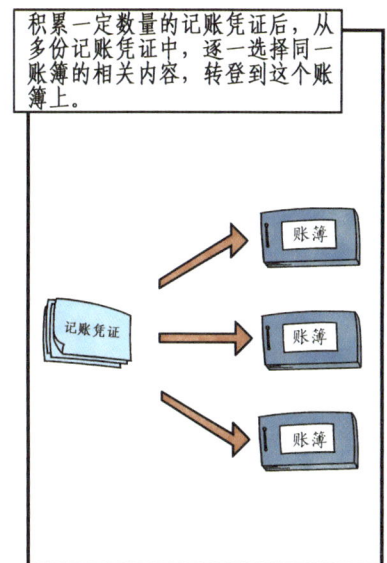

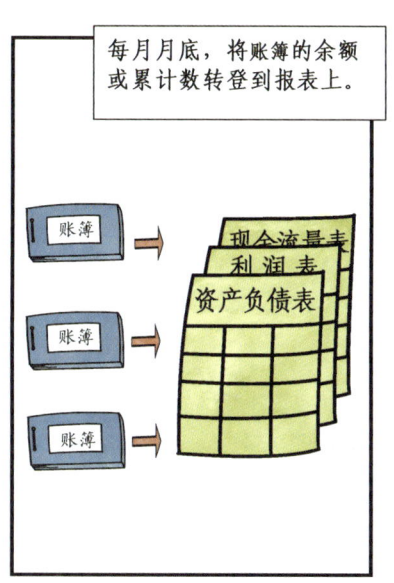

第五章 记账范例

记账的全过程分为三个环节：

第一环节、第二环节通过十个范例，规范讲解"填制凭证"和"转登账簿"的基本规律和通用方法。

十个范例：股东投资、借款、购置固定资产、购货、售货、支付费用、结转成本、缴纳所得税费用、计算利润、结转未分配利润大体完成了典型的会计循环。其余绝大多数业务可以举一反三。

资产、支出类账簿都是涉及用钱的左账簿，增加额记入账簿左栏。

股东权益、负债、收入类账簿都是来钱的右账簿，增加额记入账簿右栏。

第三环节再讲解将账簿余额（累计数）汇总转登的"编制报表"的方法。

第一节 股东投资范例

第一范例是典型的"左左右右"。

投资者投资办公司成为股东，股东投资属于股东权益类业务。

股东权益相关账簿都是来钱的右账簿，增加额自然对应记入账簿右栏。

银行存款相关账簿都是用钱的左账簿，增加额自然对应记入账簿左栏。

现以股东不同方式的投资作为记账的第一个范例。

扩展记账：凡是涉及股东投资或投资回报的业务，都可以参照第一范例记账，例如，再次投资入股、增资扩股等。

业务情况：

股东甲从个人银行账户转账到公司银行账户 200 万元作为投资款。

股东乙从个人银行账户转账到公司银行账户 180 万元作为投资款，同时经评估后，将 20 万元的汽车作为实物投资。

一、填制凭证

第一步，选择账簿：此业务涉及"银行存款""固定资产""股本"三个账簿。

第二步，选择栏目：根据银行的收款证明、验资报告、公司章程等原始凭证，填制001号、002号记账凭证。原始凭证附于其后（所有记账凭证都需附上原始凭证，此后不赘述）。

股东甲投资：

用钱的左账簿"银行存款"增加2,000,000元，自然对应记入凭证左栏；

来钱的右账簿"股本"增加2,000,000元，自然对应记入凭证右栏。

记账凭证　　　凭证号：001
年　月　日　　附件　张

摘要	总分类账名称	明细分类账名称	√	左栏（借方）	√	右栏（贷方）
股东甲投资	银行存款		√	2,000,000		
	股本				√	2,000,000
合计				2,000,000		2,000,000

股东乙投资：

用钱的左账簿"银行存款"增加1,800,000元，自然对应记入凭证左栏；

用钱的左账簿"固定资产"增加200,000元，自然对应记入凭证左栏；

来钱的右账簿"股本"增加2,000,000元，自然对应记入凭证右栏。

记账凭证　　　凭证号：002
年　月　日　　附件　张

摘要	总分类账名称	明细分类账名称	√	左栏（借方）	√	右栏（贷方）
股东乙投资	银行存款		√	1,800,000		
	股本				√	1,800,000
	固定资产	(车)	√	200,000		
	股本	(车)			√	200,000
合计				2,000,000		2,000,000

二、转登账簿

根据记账凭证上填写的账簿名称，把凭证左栏、右栏的金额，对应转登到三个相关账簿的左栏、右栏。

根据记账凭证上填写的账簿名称选择账簿，重点是把凭证的左栏、右栏金额，对应转登到两个账簿的左栏、右栏。

将001、002号凭证左栏的"银行存款"金额，对应转登到"银行存款"账簿左栏；

将002号凭证左栏的"固定资产"评估金额，对应登到"固定资产"账簿左栏；

将001、002号凭证右栏的股东甲、乙投资金额，对应转登到"股本"账簿右栏。

记账凭证 凭证号：001

摘要	总分类账	明细分类账 名称	√	左栏	√	右栏
股东甲投资	银行存款		√	2,000,000		
	股本				√	2,000,000
合计				2,000,000		2,000,000

记账凭证 凭证号：002

摘要	总分类账	明细分类账 名称	√	左栏	√	右栏
股东乙投资	银行存款		√	1,800,000		
	股本				√	1,800,000
	固定资产	(车)	√	200,000		
	股本	(车)			√	200,000
合计				2,000,000		2,000,000

（余额的增减自然可知，此后不再赘述）

账簿001 第1笔
账簿名称：银行存款　　　总分类账　　　第1页

日期	凭证号	摘要	左栏	右栏	左右	余额
	001	股东甲投资	2,000,000		左	2,000,000
	002	股东乙投资	1,800,000		左	3,800,000

账簿002 第1笔
账簿名称：固定资产　　　总分类账　　　第1页

日期	凭证号	摘要	左栏	右栏	左右	余额
	002	股东乙投资（车）	200,000		左	200,000

账簿003 第1笔
账簿名称：股本　　　总分类账　　　第1页

日期	凭证号	摘要	左栏	右栏	左右	余额
	001	股东甲投资		2,000,000	右	2,000,000
	002	股东乙投资		1,800,000	右	3,800,000
	002	股东乙投资（车）		200,000	右	4,000,000

练习 3-5-1

股东甲从个人银行账户转账到公司银行账户 120 万元作为投资款。

股东乙从个人银行账户转账到公司银行账户 80 万元作为投资款，同时经评估后，将 20 万元的汽车作为实物投资。

请分别填写凭证和转登账簿。

记账凭证　　　　凭证号：001
年　月　日　　　附件　　张

摘要	总分类账名称	明细分类账名称	√	左栏（借方）	√	右栏（贷方）
股东甲投资						
合计						

记账凭证　　　　凭证号：002
年　月　日　　　附件　　张

摘要	总分类账名称	明细分类账名称	√	左栏（借方）	√	右栏（贷方）
股东乙投资						
合计						

账簿001　第1笔

账簿名称：**银行存款**　　　　总分类账　　　　第 1 页

日期	凭证号	摘要	左栏（借方）	右栏（贷方）	左右	余额
	001	股东甲投资				
	002	股东乙投资				

账簿002　第1笔

账簿名称：**固定资产**　　　　总分类账　　　　第 1 页

日期	凭证号	摘要	左栏（借方）	右栏（贷方）	左右	余额
	002	股东乙投资（车）				

账簿003　第1笔

账簿名称：**股本**　　　　总分类账　　　　第 1 页

日期	凭证号	摘要	左栏（借方）	右栏（贷方）	左右	余额
	001	股东甲投资				
	002	股东乙投资				
	002	股东乙投资（车）				

第二节　借款范例

第二范例也是典型的"左左右右"。

开办公司，如果资金不足，就需要借款，一年以下的借款称为短期借款，一年以上的称为长期借款。

借钱或欠钱都是负债类业务。

各种负债的相关账簿都是来钱的右账簿，增加额自然对应记入账簿右栏。

"银行存款"相关账簿都是用钱的左账簿，增加额自然对应记入账簿左栏。

现在以从建设银行贷款作为记账的第二范例。

> 扩展记账：凡是涉及借钱、欠款或类似的业务，都可以参照第二范例记账，例如，长期借款、短期借款、应付账款、应付票据、应付职工薪酬。

一、填制凭证

第一步，选择账簿：公司的长期借款增加，涉及"银行存款""长期借款"两个账簿。

第二步，选择栏目：根据借款合同、银行入账通知单等原始凭证，填制003号记账凭证。

用钱的左账簿"银行存款"增加 1,000,000 元，自然对应记入凭证左栏；

来钱的右账簿"长期借款"增加 1,000,000 元，自然对应记入凭证右栏。

记账凭证　　凭证号：003
年　月　日　　附件　张

摘要	总分类账名称	明细分类账名称	√	左栏	√	右栏
建设银行贷款	银行存款		√	1,000,000		
	长期借款				√	1,000,000
合计				1,000,000		1,000,000

二、转登账簿

根据记账凭证上填写的账簿名称选择账簿,把凭证的左栏、右栏金额,对应转登到两个账簿的左栏、右栏。余额相应增加。

将003号凭证左栏"银行存款"金额1,000,000元,对应转登入左账簿"银行存款"的左栏。

将003号凭证右栏"长期借款"金额1,000,000元,对应转登入右账簿"长期借款"的右栏。

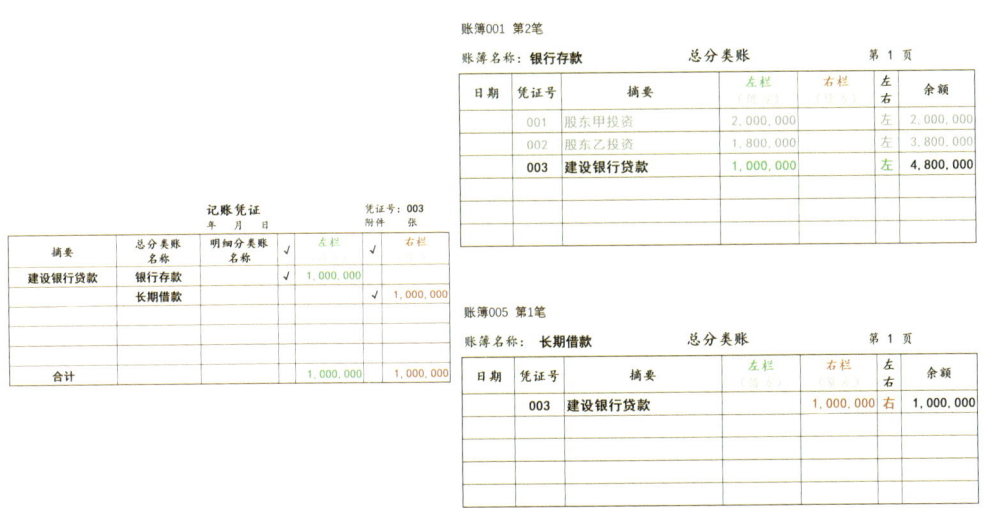

出纳员根据记账凭证在银行存款日记账中进行记载。以下凡涉及"库存现金""银行存款"的业务,在登记总分类账的同时,一律在日记账簿中作相应的登记,此后不再赘述。

*账簿001第2笔"银行存款"的灰色字,是沿用账簿001第1笔"银行存款"的内容(参见P135)。本书其余类似情形不再赘述。

练习 3-5-2

企业从农业银行贷款 220 万元,请分别填制凭证和转登账簿。

记账凭证　　　凭证号:003
年　月　日　　　附件　张

摘要	总分类账名称	明细分类账名称	√	左栏	√	右栏
农业银行贷款						
合计						

账簿001　第2笔

账簿名称:**银行存款**　　　总分类账　　　第 1 页

日期	凭证号	摘要	左栏(借方)	右栏(贷方)	左右	余额
	001	股东甲投资	1,200,000		左	1,200,000
	002	股东乙投资	800,000		左	2,000,000
	003					

账簿005　第1笔

账簿名称:**长期借款**　　　总分类账　　　第 1 页

日期	凭证号	摘要	左栏(借方)	右栏(贷方)	左右	余额
	003					

第三节　购置固定资产范例

第三范例有所发展：

一是出现了减少额，记入增加额的相反栏；

二是出现了平行登记"总分类账"和"明细分类账"的情形。

例如，开办企业，就要购置固定资产，以便开展经营活动。

各种资产相关的账簿都是"用钱"的左账簿，增加额自然对应记入左栏。

银行存款相关的账簿也是"用钱"的左账簿，减少额相反对应记入右栏。

现以生产企业购置 80 万元的设备和 200 万元的厂房作为记账的第三范例。

扩展记账：凡是类似固定资产或无形资产的项目，都可以参照第三范例。

一、填制凭证

第一步，选择账簿：为了加强管理，在"固定资产"总分类账之下，又设置两个明细分类账。会计学把同时登记"总分类账"及相关"明细分类账"的做法称为"平行登记"。

本业务涉及"银行存款""固定资产""固定资产——房屋建筑物""固定资产——机器设备"四个账簿。

第二步，选择栏目：根据发票、买卖合同、付款证明、验收证明等原始凭证，填制 004 号记账凭证。

用钱的左账簿"固定资产"增加 2,000,000 元，自然对应记入凭证左栏；

用钱的左账簿"银行存款"减少 2,000,000 元，相反记入凭证右栏。

用钱的左账簿"固定资产"增加 800,000 元，自然对应记入凭证左栏；

用钱的左账簿"银行存款"减少 800,000 元，相反记入凭证右栏。

左账簿"固定资产——房屋建筑物"增加 2,000,000 元，平行记入凭证左栏；

左账簿"固定资产——机器设备"增加 800,000 元，平行记入凭证左栏。

记账凭证　　凭证号：004
年　月　日　　附件　　张

摘要	总分类账名称	明细分类账名称	√	左栏	√	右栏
购置房屋	固定资产	房屋建筑物	√	2,000,000		
	银行存款				√	2,000,000
购置设备	固定资产	机器设备	√	800,000		
	银行存款				√	800,000
合计				2,800,000		2,800,000

二、转登账簿

根据记账凭证上填写的账簿名称，把凭证左栏、右栏的金额，对应转登到两个账簿的左栏、右栏。

将 004 号凭证左栏的固定资产金额，对应转登到账簿"固定资产"的左栏；

将 004 号凭证右栏的银行存款金额，对应转登到账簿"银行存款"的右栏；

明细账记账人员把 004 号记账凭证的左栏金额，对应平行转登到账簿"固定资产——房屋建筑物""固定资产——机器设备"两本明细分类账的左栏。

账簿-002 第2笔

账簿名称：固定资产　　总分类账　　第 1 页

日期	凭证号	摘要	左栏(借方)	右栏(贷方)	左右	余额
	002	股东乙投资	200,000		左	200,000
	004	购置房屋	2,000,000		左	2,200,000
	004	购置设备	800,000		左	3,000,000

账簿008 第1笔

账簿名称：固定资产—房屋建筑物　明细分类账　　第 1 页

日期	凭证号	摘要	左栏(借方)	右栏(贷方)	左右	余额
	004	购置房屋	2,000,000		左	2,000,000

记账凭证　　凭证号：004
年 月 日　　附件　张

摘要	总分类账名称	明细分类账名称	√	左栏	√	右栏
购置房屋	固定资产	房屋建筑物	√	2,000,000		
	银行存款				√	2,000,000
购置设备	固定资产	机器设备	√	800,000		
	银行存款				√	800,000
合计				2,800,000		2,800,000

账簿009 第1笔

账簿名称：固定资产—机器设备　明细分类账　　第 1 页

日期	凭证号	摘要	左栏(借方)	右栏(贷方)	左右	余额
	004	购置设备	800,000		左	800,000

账簿-001 第3笔

账簿名称：银行存款　　总分类账　　第 1 页

日期	凭证号	摘要	左栏(借方)	右栏(贷方)	左右	余额
		结转			左	3,800,000
	003	建设银行贷款	1,000,000		左	4,800,000
	004	购置房屋		2,000,000	右	2,800,000
	004	购置设备		800,000	右	2,000,000

练习 3-5-3

本练习题侧重熟悉**平行登记**。

假设企业购置厂房 210 万元，购置设备 50 万元，请练习填制凭证，然后转登总分类账，同时平行转登明细分类账。

记账凭证　　凭证号：004
年　月　日　　附件　张

摘要	总分类账名称	明细分类账名称	✓	左栏	✓	右栏
购置房屋	固定资产	房屋建筑物				
	银行存款					
购置设备	固定资产	机器设备				
	银行存款					
合计						

账簿002　第2笔
账簿名称：**固定资产**　　　总分类账　　　第 1 页

日期	凭证号	摘要	左栏（借方）	右栏（贷方）	左右	余额
	002	股东乙投资	200,000		左	200,000
	004					
	004					

账簿008　第1笔
账簿名称：**固定资产—房屋建筑物**　　明细分类账　　第 1 页

日期	凭证号	摘要	左栏（借方）	右栏（贷方）	左右	余额
	004					

账簿009　第1笔

账簿名称：**固定资产—机器设备**　　**明细分类账**　　　　第 1 页

日期	凭证号	摘要	左栏（借方）	右栏（贷方）	左右	余额
	004					

账簿001　第3笔

账簿名称：**银行存款**　　　　**总分类账**　　　　第 1 页

日期	凭证号	摘要	左栏（借方）	右栏（贷方）	左右	余额
		结转			左	2,000,000
	003	农业银行贷款	2,200,000		左	4,200,000
	004					
	004					

第四节　采购商品范例

采购商品使得银行存款减少；该笔银行存款与以下两部分之和相等：
一是库存商品；二是应交税费。

采购商品的"应交税费——增值税——进项税额"，缴税时要进行扣减。

简单操作：采购商品时，"应交税费——增值税"随"库存商品"同在左栏。

记账的方法：

各种资产相关账簿都是"用钱"的左账簿，增加额自然记入账簿左栏。

应交税费相关账簿都是"来钱"的右账簿，扣减额相反记入账簿左栏。

银行存款相关账簿也是"用钱"的左账簿，减少额相反对应记入账簿右栏。

现在以采购电缆和漆包线作为第四范例。

假设已经根据"应交税费——增值税"的计算公式，计算出"应交税费——增值税——进项税额"分别是 57,522 元和 18,407 元。

扩展记账：凡是涉及花钱购买直接用于销售或间接用于生产要销售的东西的业务，都可以参照第四范例记账，例如，原材料。

一、填制凭证

第一步，选择账簿：公司的库存商品增加，涉及"银行存款""库存商品""应交税费""应交税费——增值税——进项税额"①四个账簿。

第二步，选择栏目：根据左左右右规律填制005、006号记账凭证。

购入电缆：

用钱的左账簿"库存商品"增加442,478元，自然对应记入凭证的左栏；

来钱的右账簿"应交税费——增值税——进项税额"扣减57,522元，相反记入凭证左栏；

用钱的左账簿"银行存款"减少500,000元，相反记入凭证的右栏。

记账凭证 凭证号：005
年 月 日 附件 张

摘要	总分类账名称	明细分类账名称	√	左栏	√	右栏
购买电缆	库存商品		√	442,478		
	应交税费	增值税-进项	√	57,522		
	银行存款				√	500,000
合计				500,000		500,000

购入漆包线：

用钱的左账簿"库存商品"增加141,593元，自然对应记入凭证的左栏；

来钱的右账簿"应交税费——增值税——进项税额"扣减18,407元，相反记入凭证的左栏；

用钱的左账簿"银行存款"减少160,000元，相反记入凭证的右栏。

记账凭证 凭证号：006
年 月 日 附件 张

摘要	总分类账名称	明细分类账名称	√	左栏	√	右栏
购买漆包线	库存商品		√	141,593		
	应交税费	增值税-进项	√	18,407		
	银行存款				√	160,000
合计				160,000		160,000

---

① 采购商品的增值税"进项税额"可抵扣"应纳税额"，使得"应交税费"减少。

二、转登账簿

根据记账凭证上填写的账簿名称，把凭证左栏、右栏的金额，对应转登到四个相关账簿的左栏、右栏。

将005、006号凭证左栏"库存商品"金额，对应转登到账簿"库存商品"的左栏；

将005、006号凭证左栏"应交税费"金额，对应转登到账簿"应交税费"的左栏；

将005、006号凭证左栏"应交税费——增值税——进项税额"金额，对应平行转登到账簿"应交税费——增值税——进项税额"的左栏。

将005、006号凭证右栏"银行存款"金额，对应转登到账簿"银行存款"的右栏。

记账凭证 凭证号：005

摘要	总分类账名称	明细分类账名称	√	左栏	√	右栏
购买电缆	库存商品		√	442,478		
	应交税费	增值税-进项		57,522		
	银行存款				√	500,000
合计				500,000		500,000

账簿010 第1笔
账簿名称：**库存商品**　　总分类账　　第1页

日期	凭证号	摘要	左栏	右栏	左/右	余额
	005	购买电缆	442,478		左	442,478
	006	购买漆包线	141,593		左	584,071

账簿014-0 第1笔
账簿名称：**应交税费**　　总分类账　　第1页

日期	凭证号	摘要	左栏	右栏	左/右	余额
	005	购买电缆	(进项) 57,522			-57,522
	006	购买漆包线	(进项) 18,407			-75,929

账簿014-1 第1笔
账簿名称：**应交税费-增值税-进项税额** 明细分类账　　第1页

日期	凭证号	摘要	左栏	右栏	左/右	余额
	005	购买电缆	57,522			-57,522
	006	购买漆包线	18,407			-75,929

记账凭证 凭证号：006

摘要	总分类账名称	明细分类账名称	√	左栏	√	右栏
购买漆包线	库存商品		√	141,593		
	应交税费	增值税-进项	√	18,407		
	银行存款				√	160,000
合计				160,000		160,000

账簿001 第4笔
账簿名称：**银行存款**　　总分类账　　第1页

日期	凭证号	摘要	左栏	右栏	左/右	余额
	001	股东甲投资	2,000,000		左	2,000,000
	002	股东乙投资	1,800,000		左	3,800,000
	003	到建设银行贷款	1,000,000		左	4,800,000
	004	购置房屋		2,000,000	左	2,800,000
	004	购置设备		800,000	左	2,000,000
	005	购买电缆		500,000	右	1,500,000
	006	购买漆包线		160,000	右	1,340,000

练习 3-5-4

加深理解采购商品时，**一般纳税人**的记账方法（术语参见 p73）。

假设企业采购服装收到发票，226,000 元是从"银行存款"支付的**价税合计**金额，200,000 元是"库存商品"的不含税价格**金额**，26,000 元是采购服装时可抵扣的增值税**进项税额**。

假设企业采购运动鞋收到发票，180,800 元是从"银行存款"支付的**价税合计**金额，160,000 元是"库存商品"的不含税价格**金额**，20,800 元是采购运动鞋时可抵扣的增值税**进项税额**。

练习采购商品时如何填制凭证和转登账簿。

记账凭证　　　　　　凭证号：005
年　月　日　　　　　附件　张

摘要	总分类账名称	明细分类账名称	√	左栏	√	右栏
购买服装	库存商品					
	应交税费	增值税-进项				
	银行存款					
合计						

记账凭证　　　　　　凭证号：006
年　月　日　　　　　附件　张

摘要	总分类账名称	明细分类账名称	√	左栏	√	右栏
购买运动鞋	库存商品					
	应交税费	增值税-进项				
	银行存款					
合计						

账簿010　第1笔

账簿名称：**库存商品**　　　　**总分类账**　　　　第 1 页

日期	凭证号	摘要	左栏 (借方)	右栏 (贷方)	左右	余额
	005				左	
	006				左	

账簿014-0　第1笔

账簿名称：**应交税费**　　　　**总分类账**　　　　第 1 页

日期	凭证号	摘要	左栏 (借方)	右栏 (贷方)	左右	余额
	005					
	006					

账簿014-1　第1笔

账簿名称：**应交税费**-增值税-进项税额　　**明细分类账**　　第 1 页

日期	凭证号	摘要	左栏 (借方)	右栏 (贷方)	左右	余额
	005					
	006					

账簿001　第4笔

账簿名称：**银行存款**　　　　**总分类账**　　　　第 1 页

日期	凭证号	摘要	左栏 (借方)	右栏 (贷方)	左右	余额
		上页结转				4,200,000
	004	购置房屋		2,100,000	右	2,100,000
	004	购置设备		500,000	右	1,600,000
	005					
	006					

第五节　销售收入范例

第五范例是对第一至第四范例的发展：

简单操作：销售商品时，"应交税费——增值税"随"主营业务收入"同在右栏。

销售商品，使得银行存款增加，银行存款金额与以下两部分之和相等：

一是主营业务收入；二是应交税费——增值税——销项税额。

应交税费相当于一种"来钱"的负债。卖了商品，使得应交税费——增值税——销项税额增加。

银行存款相关的账簿都是"用钱"的左账簿，增加额自然记入账簿的左栏。

各种与收入相关账簿都是"来钱"的右账簿，增加额自然记入账簿的右栏。

应交税费相关的账簿也是"来钱"的右账簿，增加额自然记入账簿的右栏。

现在以销售电缆和漆包线作为记账的第五范例。

> 扩展记账：凡是涉及销售商品、原材料等的业务，都可以参照第五范例记账。

假设已经根据"应交税费——增值税"的计算公式，计算出"应交税费——增值税——销项税额"分别是 42,658 元和 8,295 元。

一、填制凭证

第一步，选择账簿：公司的销售收入增加，涉及"银行存款""主营业务收入""应交税费""应交税费——增值税——销项税额"四个账簿。

第二步，选择栏目：根据左左右右规律，依据发票等原始凭证，选择007、008号栏目。

销售电缆：

用钱的左账簿"银行存款"增加370,800元，自然对应记入凭证的左栏；

来钱的右账簿"主营业务收入"增加328,142元，自然对应记入凭证的右栏；

来钱的右账簿"应交税费——增值税——销项税额"增加42,658元，自然对应记入凭证的右栏。

记账凭证　凭证号：007

摘要	总分类账名称	明细分类账名称	√	左栏	√	右栏
销售电缆	银行存款		√	370,800		
	主营业务收入				√	328,142
	应交税费	增值税-销项			√	42,658
合计				370,800		370,800

销售漆包线：

用钱的左账簿"银行存款"增加72,100元，自然对应记入凭证的左栏；

来钱的右账簿"主营业务收入"增加63,805元，自然对应记入凭证的右栏；

来钱的右账簿"应交税费——增值税——销项税额"增加8,295元，自然对应记入凭证的右栏。

记账凭证　凭证号：008

摘要	总分类账名称	明细分类账名称	√	左栏	√	右栏
销售漆包线	银行存款		√	72,100		
	主营业务收入				√	63,805
	应交税费	增值税-销项			√	8,295
合计				72,100		72,100

二、转登账簿

根据记账凭证上填写的账簿名称,把凭证左栏、右栏的金额,对应转登到四个相关账簿的左栏、右栏。

将007、008号凭证左栏"银行存款"金额,对应转登到账簿"银行存款"的左栏;

将007、008号凭证右栏"主营业务收入"金额,对应转登到账簿"主营业务收入"的右栏;

将007、008号凭证右栏"应交税费"金额,对应转登到总分类账"应交税费"右栏;

将007、008号凭证右栏"应交税费——增值税——销项税额"金额,对应平行转登到明细分类账"应交税费"右栏。

记账凭证 凭证号:007

摘要	总分类账名称	明细分类账名称	√	左栏	√	右栏
销售电缆	银行存款		√	370,800		
	主营业务收入				√	328,142
	应交税费	增值税-销项			√	42,658
合计				370,800		370,800

账簿001 第5笔

账簿名称:**银行存款**　总分类账　第2页

日期	凭证号	摘要	左栏(借方)	右栏(贷方)	左右	余额
		上页结转				1,340,000
	007	销售电缆	370,800		左	1,710,800
	008	销售漆包线	72,100		左	1,782,900

账簿013 第1笔

账簿名称:**主营业务收入**　总分类账　第1页

日期	凭证号	摘要	左栏(借方)	右栏(贷方)	左右	余额
	007	销售电缆		328,142	右	328,142
	008	销售漆包线		63,805	右	391,947

账簿014-0 第2笔

账簿名称:**应交税费**　总分类账　第1页

日期	凭证号	摘要	左栏(借方)	右栏(贷方)	左右	余额
	005	购买电缆 （进项）	57,522		左	-57,522
	006	购买漆包线	18,407			-75,929
	007	销售电缆 （销项）		42,658	右	-33,271
	008	销售漆包线 （销项）		8,295	右	-24,976

记账凭证 凭证号:008

摘要	总分类账名称	明细分类账名称	√	左栏	√	右栏
销售漆包线	银行存款		√	72,100		
	主营业务收入				√	63,805
	应交税费	增值税-销项			√	8,295
合计				72,100		72,100

账簿014-2 第1笔

账簿名称:**应交税费-增值税-销项税额** 明细分类账　第1页

日期	凭证号	摘要	左栏(借方)	右栏(贷方)	左右	余额
	007	销售电缆 （销项）		42,658	右	42,658
	008	销售漆包线 （销项）		8,295	右	50,953

练习 3-5-5

加深理解销售商品时，**一般纳税人**的记账方法。

假设企业销售服装开具发票，220,000 元是从"银行存款"收到的**价税合计**金额，其中 194,690 元是"主营业务收入"的不含税价格**金额**，25,310 元是销售服装的增值税**销项税额**。

假设企业销售运动鞋开具发票，136,000 元是从"银行存款"收到的**价税合计**金额，其中 120,354 元是"主营业务收入"的不含税价格**金额**，15,646 元是销售运动鞋的增值税**销项税额**。

练习销售商品时如何填制凭证和转登账簿：

记账凭证　　　　凭证号：007
年　月　日　　　　附件　张

摘要	总分类账名称	明细分类账名称	√	左栏	√	右栏
销售服装	银行存款					
	主营业务收入					
	应交税费	增值税-销项				
合计						

记账凭证　　　　凭证号：008
年　月　日　　　　附件　张

摘要	总分类账名称	明细分类账名称	√	左栏	√	右栏
销售运动鞋	银行存款					
	主营业务收入					
	应交税费	增值税-销项				
合计						

账簿001　第5笔

账簿名称：银行存款　　　　　总分类账　　　　　第 2 页

日期	凭证号	摘要	左栏 (借方)	右栏 (贷方)	左右	余额
		上页结转				4,200,000
	004	购置房屋		2,100,000	右	2,100,000
	004	购置设备		500,000	右	1,600,000
	005	购买服装		226,000	右	1,374,000
	006	购买运动鞋		180,800	右	1,193,200
	007					
	008					

账簿013　第1笔

账簿名称：主营业务收入　　　　　总分类账　　　　　第 1 页

日期	凭证号	摘要	左栏 (借方)	右栏 (贷方)	左右	余额
	007					
	008					

账簿014-0　第2笔

账簿名称：应交税费　　　　　总分类账　　　　　第 1 页

日期	凭证号	摘要	左栏 (借方)	右栏 (贷方)	左右	余额
	005	购买服装	26,000		左	-26,000
	006	购买运动鞋	20,800		左	-46,800
	007					
	008					

账簿014-2　第1笔

账簿名称：应交税费-增值税-销项税额　　　明细分类账　　　　　第 1 页

日期	凭证号	摘要	左栏 (借方)	右栏 (贷方)	左右	余额
	007					
	008					

第六节　支付费用范例

第六范例沿用了平行登记"总分类账"和"明细分类账"的情形。

开办公司必然会支出各种费用。

各种费用相关的账簿都是"用钱"的左账簿，增加额自然对应记入账簿左栏。

各种资产相关的账簿都是"用钱"的左账簿，减少额相反对应记入账簿右栏。

现在用资产类的"库存现金"支付多种"销售费用"作为范例：

扩展记账：凡是费用、成本业务，都可以参照第六范例记账。例如，制造费用、财务费用、管理费用、生产成本、营业税金及附加、所得税费用等。

一、填制凭证

第一步，选择账簿：为了加强管理，企业决定在"销售费用"总分类账下设置三个明细分类账。

本业务涉及"库存现金""销售费用""销售费用——运输费""销售费用——差旅费""销售费用——工资"五个账簿。

第二步，选择栏目：根据左左右右规律，依据发票等原始凭证，选择第010号凭证的栏目。

用钱的左账簿"销售费用"登记："付运费"增加9,000元；"付差旅费"增加6,000；"付销售人员工资"增加30,000元，自然对应记入凭证的左栏；

用钱的左账簿"销售费用——运输费"增加9,000元，对应平行记入凭证的左栏；

用钱的左账簿"销售费用——差旅费"增加6,000元，对应平行记入凭证的左栏；

用钱的左账簿"销售费用——工资"增加30,000元，对应平行记入凭证的左栏。

用钱的左账簿"库存现金"三项都是减少，逐次对应，相反记入凭证的右栏。

摘要	总分类账名称	明细分类账名称	√	左栏	√	右栏
付运费	销售费用	运输费	√	9,000		
	库存现金				√	9,000
付差旅费	销售费用	差旅费	√	6,000		
	库存现金				√	6,000
付销售人员工资	销售费用	工资	√	30,000		
	库存现金				√	30,000
合计				45,000		45,000

记账凭证　年　月　日　凭证号：010　附件　张

二、转登账簿

根据记账凭证上填写的账簿名称，把凭证左栏、右栏的金额，对应转登到两个总分类账以及三本明细分类账的左栏、右栏。

将010号凭证左栏三笔"销售费用"，分别对应转登到账簿"销售费用"左栏；

将010号凭证右栏三笔"库存现金"，分别对应转登到账簿"库存现金"右栏。

明细账会计人员对应平行转登三本明细分类账：

将010号凭证左栏的付运费9,000元，对应平行转登到"销售费用——运输费"明细分类账的左栏；

将 010 号凭证左栏的付差旅费 6,000 元，对应平行转登到"销售费用——差旅费"明细分类账的左栏；

将 010 号凭证左栏的付销售人员工资 30,000 元，对应平行转登到"销售费用——工资"明细分类账的左栏。

账簿016 第1笔

账簿名称：**销售费用**　　总分类账　　第 1 页

日期	凭证号	摘要	左栏	右栏	左右	余额
	010	付运费	9,000		左	9,000
	010	付差旅费	6,000		左	15,000
	010	付销售人员工资	30,000		左	45,000

账簿017 第1笔

账簿名称：**销售费用——运输费**　　明细分类账　　第 1 页

日期	凭证号	摘要	左栏	右栏	左右	余额
	010	付运费	9,000		左	9,000

记账凭证　　凭证号：010　　附件　　张

摘要	总分类账名称	明细分类账名称	√	左栏	√	右栏
付运费	销售费用	运输费	√	9,000		
	库存现金				√	9,000
付差旅费	销售费用	差旅费	√	6,000		
	库存现金				√	6,000
付销售人员工资	销售费用	工资	√	30,000		
	库存现金				√	30,000
合计				45,000		45,000

账簿018 第1笔

账簿名称：**销售费用——差旅费**　　明细分类账　　第 1 页

日期	凭证号	摘要	左栏	右栏	左右	余额
	010	付差旅费	6,000		左	6,000

账簿019 第1笔

账簿名称：**销售费用——工资**　　明细分类账　　第 1 页

日期	凭证号	摘要	左栏	右栏	左右	余额
	010	付销售人员工资	30,000		左	30,000

账簿015 第1、2笔

账簿名称：**库存现金**　　总分类账　　第 1 页

日期	凭证号	摘要	左栏	右栏	左右	余额
	009	提取现金	50,000		左	50,000
	010	付运费		9,000	右	41,000
	010	付差旅费		6,000	右	35,000
	010	付销售人员工资		30,000	右	5,000

练习 3-5-6

本练习侧重熟悉平行记账。

假设企业用现金支付了运费 6,000 元，支付了差旅费 5,000 元，支付了销售人员工资 26,000 元，请先练习填制凭证，然后转登总分类账，并且平行转登明细分类账。

记账凭证　　　　凭证号：010
年　月　日　　　　附件　张

摘要	总分类账名称	明细分类账名称	✓	左栏（借方）	✓	右栏（贷方）
付运费	销售费用	运输费				
	库存现金					
付差旅费	销售费用	差旅费				
	库存现金					
付销售人员工资	销售费用	工资				
	库存现金					
合计						

账簿016　第1笔

账簿名称：**销售费用**　　　总分类账　　　　第 1 页

日期	凭证号	摘要	左栏（借方）	右栏（贷方）	左右	余额
	010					
	010					
	010					

账簿017　第1笔

账簿名称：**销售费用——运输费**　　明细分类账　　　第 1 页

日期	凭证号	摘要	左栏（借方）	右栏（贷方）	左右	余额
	010					

账簿018　第1笔

账簿名称：**销售费用——差旅费**　　**明细分类账**　　　　第 1 页

日期	凭证号	摘要	左栏（借方）	右栏（贷方）	左右	余额
	010					

账簿019　第1笔

账簿名称：**销售费用——工资**　　**明细分类账**　　　　第 1 页

日期	凭证号	摘要	左栏（借方）	右栏（贷方）	左右	余额
	010					

账簿015　第2笔

账簿名称：**库存现金**　　**总分类账**　　　　第 1 页

日期	凭证号	摘要	左栏（借方）	右栏（贷方）	左右	余额
	009	提取现金	50,000		左	50,000
	010					
	010					
	010					

第七节　结转成本范例

前述六例都是直接记账的范例,大多数业务都可以参照前述范例,举一反三地记账。结转成本则是间接记账,是为计算利润作准备。

利润、收入都是可"来钱"的右账簿,增加额自然对应记入账簿的右栏。

成本、费用相关的账簿都是"用钱"的左账簿,增加额自然对应记入账簿的左栏。

利润总额 = 营业收入 - 营业成本 - 费用 - 营业税金及附加

这个公式中,营业收入、费用,都可以直接在账簿中查到累计数。而营业成本并没有直接登记并产生累计数。为了得到营业成本的累计数,就要结转成本。

营业成本是指公司生产和销售与主营业务有关的产品或服务所必须投入的直接成本,主要包括已售库存商品、原材料、人工成本和固定资产折旧等。

此例中,结转成本就是从"库存商品"的账簿中,将已售"库存商品"的成本(进货价)转登到"主营业务成本"账簿上,同时从"库存商品"中,减去这部分已售"库存商品"的成本价。

现在介绍将"库存商品"结转到"主营业务成本"的范例:

> 扩展记账:凡是涉及结转成本的类似业务,都可以参照第七范例记账。
> 例如,将有关人员的人工成本结转到"主营业务成本"。

一、填制凭证

第一步，选择账簿：本例公司结转成本，涉及"库存商品""主营业务成本"两个账簿。

第二步，选择栏目：根据左左右右规律，"库存商品"结转为"主营业务成本"时，依据发票等原始凭证，录入011、012号记账凭证，选择凭证的左右栏目如下：

"库存商品"账簿金额转出，使得左账簿"库存商品"减少，相反记入账簿的右栏；

该金额转入"主营业务成本"，使得左账簿"主营业务成本"增加，自然记入账簿的左栏。

结转已售电缆成本：

用钱的左账簿"主营业务成本"转入，成本增加265,487元，自然记入凭证左栏；

用钱的左账簿"库存商品"转出，库存商品减少265,487元，相反记入凭证右栏。

记账凭证　　凭证号：011
年　月　日　　附件　张

摘要	总分类账名称	明细分类账名称	√	左栏	√	右栏
已售电缆进价	主营业务成本	(转入)	√	265,487		
	库存商品	(转出)			√	265,487
合计				265,487		265,487

结转已售漆包线成本：

用钱的左账簿"主营业务成本"转入，成本增加51,327元，自然记入凭证左栏；

用钱的左账簿"库存商品"转出，库存商品减少51,327元，相反记入凭证右栏。

记账凭证　　凭证号：012
年　月　日　　附件　张

摘要	总分类账名称	明细分类账名称	√	左栏	√	右栏
已售漆包线进价	主营业务成本	(转入)	√	51,327		
	库存商品	(转出)			√	51,327
合计				51,327		51,327

二、转登账簿

根据记账凭证上填写的账簿名称,把凭证左栏、右栏的金额,对应转登两个相关账簿的左栏、右栏。

将011、012号凭证左栏的"主营业务成本",对应转登到账簿"主营业务成本"左栏;

将011、012号凭证右栏的"库存商品",对应转登到账簿"库存商品"右栏。

记账凭证 凭证号:011 年 月 日 附件 张

摘要	总分类账名称	明细分类账名称	√	左栏	√	右栏
已售电缆进价	主营业务成本	(转入)	√	265,487		
	库存商品	(转出)			√	265,487
合计				265,487		265,487

账簿020 第1笔
账簿名称:**主营业务成本** 总分类账 第 1 页

日期	凭证号	摘要	左栏(借方)	右栏(贷方)	左右	余额
	011	已售电缆进价	265,487		左	265,487
	012	已售漆包线进价	51,327		左	316,814

记账凭证 凭证号:012 年 月 日 附件 张

摘要	总分类账名称	明细分类账名称	√	左栏	√	右栏
已售漆包线进价	主营业务成本	(转入)	√	51,327		
	库存商品	(转出)			√	51,327
合计				51,327		51,327

账簿010 第2笔
账簿名称:**库存商品** 总分类账 第 1 页

日期	凭证号	摘要	左栏(借方)	右栏(贷方)	左右	余额
	005	购买电缆	442,478		左	442,478
	006	购买漆包线	141,593		左	584,071
	011	已售电缆进价		265,487	右	318,584
	012	已售漆包线进价		51,327	右	267,257

练习 3-5-7

练习登记"结转成本"业务。

请在记账凭证上完成以下记账业务：已经销售的服装的进货价 160,000 元和运动鞋的进货价 80,000 元在"主营业务成本"账簿结转入，金额增加；而"库存商品"账簿上则结转出，金额减少。

然后，将记账凭证的左栏、右栏金额，对应转登到相应账簿"主营业务成本"和"库存商品"的左栏、右栏。

记账凭证　　凭证号：011
年　月　日　　附件　张

摘要	总分类账名称	明细分类账名称	√	左栏	√	右栏
已售服装进价	主营业务成本	(转入)				
	库存商品	(转出)				
合计						

记账凭证　　凭证号：012
年　月　日　　附件　张

摘要	总分类账名称	明细分类账名称	√	左栏	√	右栏
已售运动鞋进价	主营业务成本	(转入)				
	库存商品	(转出)				
合计						

账簿020　第1笔

账簿名称：**主营业务成本**　　　　**总分类账**　　　　第 1 页

日期	凭证号	摘要	左栏（借方）	右栏（贷方）	左右	余额
	011					
	012					

账簿010　第2笔

账簿名称：**库存商品**　　　　**总分类账**　　　　第 1 页

日期	凭证号	摘要	左栏（借方）	右栏（贷方）	左右	余额
	005	购买服装	200,000		左	200,000
	006	购买运动鞋	160,000		左	360,000
	011					
	012					

第八节　缴纳所得税范例

第八范例与第一、二范例的记账方法基本类似，都是典型的"左左右右"。

所得税费用计算公式：企业所得税费用 = 利润总额 × 企业所得税税率

假设已计算出，当税率为25%时，企业所得税费 = 30,133×25% = 7,533（元）

各种费用相关的账簿都是用钱的左账簿，增加额自然记入账簿左栏。

应交所得税相关的账簿是来钱的右账簿，增加额自然记入账簿右栏。

缴纳所得税的银行存款是用钱的左账簿，减少额相反记入账簿右栏。

一、填制凭证

第一步，选择账簿：由于涉及计算企业所得税费用、跨月缴纳应缴企业所得税费用两项业务，本范例涉及"所得税费用""应交税费""应交税费——企业所得税""银行存款"四个账簿。

第二步，选择栏目：根据左左右右规律，依据纳税申报表、支付结算单据等原始凭证，填制013、014号记账凭证。

- 计提所得税

用钱的左账簿"所得税费用"增加7,533元，自然对应记入凭证的左栏；

来钱的右账簿"应交税费——企业所得税"增加7,533元，自然对应记入凭证右栏。

记账凭证　　凭证号：013
年　月　日　　附件　张

摘要	总分类账名称	明细分类账名称	√	左栏	√	右栏
计提所得税	所得税费用		√	7,533		
	应交税费	企业所得税			√	7,533
合计				7,533		7,533

- 缴纳所得税

用钱的左账簿"银行存款"减少7,533元，相反记入凭证的右栏；

来钱的右账簿"应交税费——企业所得税"减少7,533元，相反记入凭证左栏。

记账凭证　　凭证号：014
年　月　日　　附件　张

摘要	总分类账名称	明细分类账名称	√	左栏	√	右栏
缴纳所得税	应交税费	企业所得税	√	7,533		
	银行存款				√	7,533
合计				7,533		7,533

二、转登账簿

根据记账凭证上填写的账簿名称，把凭证的左栏、右栏的金额，对应转登到四个相关账簿的左栏、右栏（平行记账参见下方凭证、账簿）。

将凭证 013 号左栏"所得税费用"金额，对应转登到账簿"所得税费用"左栏。

将凭证 013 号右栏"应交税费"金额，对应转登到账簿"应交税费"右栏。

将凭证 014 号右栏"应交税费"金额，对应转登到账簿"应交税费"右栏。

将凭证 014 号右栏"银行存款"金额，对应转登到账簿"银行存款"右栏。

账簿022 第1笔

账簿名称：所得税费用　　总分类账　　第1页

日期	凭证号	摘要	左栏（借方）	右栏（贷方）	左/右	余额
	013	计提所得税	7,533		左	7,533

记账凭证　　凭证号：013
年　月　日　　附件　　张

摘要	总分类账名称	明细分类账名称	✓	左栏	✓	右栏
计提所得税	所得税费用		✓	7,533		
	应交税费	企业所得税			✓	7,533
合计				7,533		7,533

账簿014-0 第3笔

账簿名称：应交税费　　总分类账　　第1页

日期	凭证号	摘要	左栏（借方）	右栏（贷方）	左/右	余额
	005	购买电缆（进项）	57,522		左	-57,522
	006	购买漆包线（进项）	18,407		左	-75,929
	007	销售电缆（销项）		42,658	右	-33,271
	008	销售漆包线（销项）		8,295	右	-24,976
	013	计提所得税		7,533	右	-17,443
	014	缴纳所得税	7,533		左	-24,976

账簿023 第1笔

账簿名称：应交税费-企业所得税　　明细分类账　　第1页

日期	凭证号	摘要	左栏（借方）	右栏（贷方）	左/右	余额
	013	计提所得税		7,533	右	7,533
	014	缴纳所得税	7,533		左	0

记账凭证　　凭证号：014
年　月　日　　附件　　张

摘要	总分类账名称	明细分类账名称	✓	左栏	✓	右栏
缴纳所得税	应交税费	企业所得税	✓	7,533		
	银行存款				✓	7,533
合计				7,533		7,533

账簿001 第6笔

账簿名称：银行存款　　总分类账　　第2页

日期	凭证号	摘要	左栏（借方）	右栏（贷方）	左/右	余额
		上页结转			左	1,782,900
	009	提取现金		50,000	左	1,732,900
	014	缴纳所得税		7,533	右	1,725,367

练习 3-5-8

在会计实务中，由于涉及计提企业所得税费用、跨月缴纳应缴企业所得税费用两项业务，本例计算出所得税费用为 9,511 元，涉及"所得税费用""应交税费""应交税费——企业所得税""银行存款"四个账簿。请将所得税费用填制到"计提所得税"和"缴纳所得税"的记账凭证，然后转登相应的账簿。

记账凭证　　　凭证号：013
年　月　日　　附件　张

摘要	总分类账名称	明细分类账名称	√	左栏	√	右栏
计提所得税	所得税费用					
	应交税费	企业所得税				
合计						

记账凭证　　　凭证号：014
年　月　日　　附件　张

摘要	总分类账名称	明细分类账名称	√	左栏	√	右栏
缴纳所得税	应交税费	企业所得税				
	银行存款					
合计						

账簿022　第1笔

账簿名称：**所得税费用**　　　　　总分类账　　　　　第 1 页

日期	凭证号	摘要	左栏(借方)	右栏(贷方)	左右	余额
	013					

账簿014-0　第3笔

账簿名称：**应交税费**　　　　　总分类账　　　　　第 1 页

日期	凭证号	摘要	左栏(借方)	右栏(贷方)	左右	余额
	005	购买服装	26,000		左	-26,000
	006	购买运动鞋	20,800		左	-46,800
	007	销售服装		25,310	右	-21,490
	008	销售运动鞋		15,646	右	-5,844
	013	计提所得税				
	014	缴纳所得税				

账簿023　第1笔

账簿名称：**应交税费—企业所得税**　　　　　明细分类账　　　　　第 1 页

日期	凭证号	摘要	左栏(借方)	右栏(贷方)	左右	余额
	013					
	014					

账簿001　第7笔

账簿名称：**银行存款**　　　　　总分类账　　　　　第 2 页

日期	凭证号	摘要	左栏(借方)	右栏(贷方)	左右	余额
		上页结转				4,200,000
	004	购置房屋		2,100,000	右	2,100,000
	004	购置设备		500,000	右	1,600,000
	005	购买服装		226,000	右	1,374,000
	006	购买运动鞋		180,800	右	1,193,200
	007	销售服装	220,000		左	1,413,200
	008	销售运动鞋	136,000		左	1,549,200
	009	提取现金		50,000	右	1,499,200
	014	缴纳所得税				

第九节　结算利润范例

完成一个完整的会计业务循环，必须落实到计算利润，尤其是计算净利润。

与利润相关的账簿都属于股东权益，都是"来钱"的右账簿，增加额自然对应记入账簿的右栏。

利润总额＝收入－成本－费用－营业税金及附加（本书略讲税金及附加）

净利润＝收入－成本－费用－所得税

为了计算净利润，每个月底都要将"收入、成本、费用和所得税费用"账簿的本期发生额分别结转到"本年利润"账簿。

一、填制凭证

第一步，选择账簿：此例结转涉及四个转出账簿："主营业务收入""主营业务成本""销售费用""所得税费用"以及一个转入账簿"本年利润"。

第二步，选择栏目：根据左左右右规律，选择四张记账凭证的金额栏如下：

第一张记账凭证015号，"主营业务收入"余额转出，转入"本年利润"账簿：

来钱的右账簿"主营业务收入"转出清零，使得收入减少391,947元，相反记入凭证左栏。

来钱的右账簿"本年利润"转入收入，使得利润增加391,947元，自然对应记入凭证右栏。

摘要	总分类账名称	明细分类账名称	√	左栏	√	右栏
结转主营业务收入	主营业务收入	(转出)	√	391,947		
转入收入使利润增加	本年利润	(转入)			√	391,947
合计				391,947		391,947

凭证号：015

第二张记账凭证016号，"主营业务成本"余额转出，转入"本年利润"账簿：

用钱的左账簿"主营业务成本"清零转出，使得成本减少316,814元，相反记入凭证右栏。

来钱的右账簿"本年利润"转入成本，使得利润减少 316,814 元，相反记入凭证左栏。

摘要	总分类账名称	明细分类账名称	✓	左栏	✓	右栏
				记账凭证 年 月 日		凭证号：016 附件　张
结转主营业务成本	主营业务成本	（转出）			✓	316,814
转入成本使利润减少	本年利润	（转入）	✓	316,814		
合计				316,814		316,814

第三张记账凭证 017 号，"销售费用"余额转出，转入"本年利润"账簿：

用钱的左账簿"销售费用"转出清零，使得费用额减少 45,000 元，相反记入凭证右栏。

来钱的右账簿"本年利润"转入费用，使得利润减少 45,000 元，相反记入凭证左栏。

摘要	总分类账名称	明细分类账名称	✓	左栏	✓	右栏
				记账凭证 年 月 日		凭证号：017 附件　张
结转销售费用	销售费用	（转出）			✓	45,000
转入费用使利润减少	本年利润	（转入）	✓	45,000		
合计				45,000		45,000

第四张记账凭证 018 号，所得税费用账簿余额转出，转入"本年利润"账簿：

用钱的左账簿"所得税费用"转出清零，使得所得税费用减少 7,533 元，相反记入凭证右栏。

来钱的右账簿"本年利润"转入所得税费用，使得利润减少 7,533 元，相反记入凭证左栏。

在缴纳企业所得税费用时，成为公司的一项费用。

摘要	总分类账名称	明细分类账名称	✓	左栏	✓	右栏
				记账凭证 年 月 日		凭证号：018 附件　张
结转所得税	所得税费用	（转出）			✓	7,533
税费转入使利润减少	本年利润	（转入）	✓	7,533		
合计				7,533		7,533

二、转登账簿

根据记账凭证上填写的账簿名称，将记账凭证的左栏、右栏的金额，对应转登到五个相关账簿的左栏、右栏。

1.将015号记账凭证左栏的"主营业务收入"的391,947元，对应转登到"主营业务收入"账簿的左栏，账簿清零。

将015号记账凭证右栏的"本年利润"391,947元，对应转登到"本年利润"账簿右栏，使"本年利润"增加。

账簿013 第2笔

账簿名称：**主营业务收入**　　总分类账　　第1页

日期	凭证号	摘要	左栏	右栏	左右	余额
	007	销售电缆		328,142	右	328,142
	008	销售漆包线		63,805	右	391,947
	015	结转主营业务收入(转出)	391,947		左	0

记账凭证　凭证号：015

摘要	总分类账名称	明细分类账名称	√	左栏	√	右栏
结转主营业务收入	主营业务收入	(转出)	√	391,947		
转入收入使利润增加	本年利润	(转入)			√	391,947
合计				391,947		391,947

账簿028 第1笔

账簿名称：**本年利润**　　总分类账　　第1页

日期	凭证号	摘要	左栏	右栏	左右	余额
	015	结转主营业务收入(转入)		391,947	右	391,947

2.将第016号凭证右栏的"主营业务成本"金额316,814元，对应转登到"主营业务成本"账簿右栏，账簿清零。

将第016号凭证左栏的"本年利润"金额316,814元，对应转登到"本年利润"账簿左栏，使"本年利润"减少。

账簿020 第2笔

账簿名称：**主营业务成本**　　总分类账　　第1页

日期	凭证号	摘要	左栏	右栏	左右	余额
	011	已售电缆进价	265,487		左	265,487
	012	已售漆包线进价	51,327		左	316,814
	016	结转主营业务成本(转出)		316,814	右	0

记账凭证　凭证号：016

摘要	总分类账名称	明细分类账名称	√	左栏	√	右栏
结转主营业务成本	主营业务成本	(转出)			√	316,814
转入成本使利润减少	本年利润	(转入)	√	316,814		
合计				316,814		316,814

账簿028 第2笔

账簿名称：**本年利润**　　总分类账　　第1页

日期	凭证号	摘要	左栏	右栏	左右	余额
	015	结转主营业务收入(转入)		391,947	右	391,947
	016	结转主营业务成本(转入)	316,814		左	75,133

3. 将第 017 号凭证右栏的"销售费用"金额 45,000 元，对应转登到"销售费用"账簿右栏。账簿清零。

将第 017 号凭证左栏的"本年利润"金额 45,000 元，对应转登到"本年利润"账簿左栏，使"本年利润"减少。

账簿016 第2笔

账簿名称：销售费用			总分类账		第 1 页	
日期	凭证号	摘要	左栏（借方）	右栏（贷方）	左右	余额
	010	付运费	9,000		左	9,000
	010	付差旅费	6,000		左	15,000
	010	付销售人员工资	30,000		左	45,000
	017	结转销售费用（转出）		45,000	右	0

		记账凭证		凭证号：017	
摘要	总分类账名称	明细分类账名称	√	左栏	√	右栏
结转销售费用	销售费用	（转出）			√	45,000
将入费用使利润减少	本年利润	（转入）	√	45,000		
合计				45,000		45,000

账簿028 第3笔

账簿名称：本年利润			总分类账		第 1 页	
日期	凭证号	摘要	左栏（借方）	右栏（贷方）	左右	余额
	015	结转主营业务收入（转入）		391,947	右	391,947
	016	结转主营业务成本（转入）	316,814		右	75,133
	017	结转销售费用（转入）	45,000		右	30,133

4. 将第 018 号凭证右栏的"所得税费用"金额 7,533 元，对应转登到"所得税费用"账簿右栏。账簿清零。

将第 018 号凭证左栏的"本年利润"金额 7,533 元，对应转登到"本年利润"账簿左栏。使"本年利润"减少。

账簿022 第2笔

账簿名称：所得税费用			总分类账		第 1 页	
日期	凭证号	摘要	左栏（借方）	右栏（贷方）	左右	余额
	013	计提所得税	7,533		左	7,533
	018	结转所得税（转出）		7,533	右	0

		记账凭证		凭证号：018	
摘要	总分类账名称	明细分类账名称	√	左栏	√	右栏
结转所得税	所得税费用	（转出）			√	7,533
税费转入使利润减少	本年利润	（转入）	√	7,533		
合计				7,533		7,533

账簿028 第4笔

账簿名称：本年利润			总分类账		第 1 页	
日期	凭证号	摘要	左栏（借方）	右栏（贷方）	左右	余额
	015	结转主营业务收入（转入）		391,947	右	391,947
	016	结转主营业务成本（转入）	316,814		右	75,133
	017	结转销售费用（转入）	45,000		右	30,133
	018	结转所得税（转入）	7,533		右	22,600

至此，015、016、017、018 号凭证涉及右账簿"本年利润"的左栏、右栏金额，全部对应转登到"本年利润"账簿的左栏、右栏。

每个月，都要在"本年利润"账簿中，完成当月净利润的计算。然后，将"本年利润"账簿的当月净利润计算结果，转登到利润表中，见第六章（P186）。

练习 3-5-9

记账的一个典型循环开始于股东投资，终结于计算出净利润。

本"结转练习"以将四个账簿的余额转出，转入"本年利润"账簿为例。

第一环节　填制凭证：

四个账簿转出余额分别是："主营业务收入"315,044 元，"主营业务成本"240,000 元、"销售费用"37,000 元、"所得税费用"9,511 元。这**四个转出账簿的余额都转入"本年利润"**账簿。

四个账簿转出后，余额为 0。此结转共填制四张记账凭证：

第一张凭证的"主营业务收入"账簿余额 315,044 元转出，转入"本年利润"账簿，使得"本年利润"相应增加。登记金额的栏目如下：

记账凭证　　凭证号：015
年　月　日　　附件　张

摘要	总分类账名称	明细分类账名称	√	左栏	√	右栏
结转主营业务收入	主营业务收入	（转出）				
转入收入使利润增	本年利润	（转入）				
合计						

第二张凭证的"主营业务成本"账簿余额 240,000 元转出，转入"本年利润"账簿，使得"本年利润"相应减少。登记金额的栏目如下：

记账凭证　　凭证号：016
年　月　日　　附件　张

摘要	总分类账名称	明细分类账名称	√	左栏	√	右栏
结转主营业务成本	本年利润	（转入）				
转入成本使利润减	主营业务成本	（转出）				
合计						

第三张凭证的"销售费用"账簿余额 37,000 元转出,转入"本年利润"账簿,转入"本年利润"账簿,使得"本年利润"相应减少。登记金额的栏目如下:

摘要	总分类账名称	明细分类账名称	√	左栏(借方)	√	右栏(贷方)
结转销售费用	本年利润	(转入)				
转入费用使利润减	销售费用	(转出)				
合计						

记账凭证　年 月 日　凭证号:017　附件 张

第四张凭证的"所得税费用"账簿余额 9,511 元转出,转入"本年利润"账簿,转入"本年利润"账簿,使得"本年利润"相应减少。登记金额的栏目如下:

摘要	总分类账名称	明细分类账名称	√	左栏(借方)	√	右栏(贷方)
结转所得税	本年利润	(转入)				
税费转入使利润减	所得税费用	(转出)				
合计						

记账凭证　年 月 日　凭证号:018　附件 张

第二环节　转登账簿:

第一步,练习根据四张凭证,将四个转出账簿的主营业务收入、主营业务成本、销售费用、所得税费用的余额转出,并清零。

账簿013　第2笔

账簿名称:**主营业务收入**　　总分类账　　第 1 页

日期	凭证号	摘要	左栏(借方)	右栏(贷方)	左右	余额
	007	销售服装		194,690	右	194,690
	008	销售运动鞋		120,354	右	315,044
	015	**结转主营业务收入**(转出)				

账簿020 第2笔

账簿名称：**主营业务成本**　　　总分类账　　　　第 1 页

日期	凭证号	摘要	左栏（借方）	右栏（贷方）	左右	余额
	011	已售服装进价	160,000		左	160,000
	012	已售漆包线进价	80,000		左	240,000
	016	**结转主营业务成本**(转出)				

账簿016　第2笔

账簿名称：**销售费用**　　　总分类账　　　　第 1 页

日期	凭证号	摘要	左栏（借方）	右栏（贷方）	左右	余额
	010	付运费	6,000		左	6,000
	010	付差旅费	5,000		左	11,000
	010	付销售人员工资	26,000		左	37,000
	017	**结转销售费用**(转出)				

账簿022 第2笔

账簿名称：**所得税费用**　　　总分类账　　　　第 1 页

日期	凭证号	摘要	左栏（借方）	右栏（贷方）	左右	余额
	013	计提所得税	9,511		左	9,511
	018	**结转所得税**(转出)				

第二步，练习根据四张凭证，将四个转出账簿的余额转入"本年利润"账簿。

账簿028　第4笔

账簿名称：**本年利润**　　　总分类账　　　　第 1 页

日期	凭证号	摘要	左栏（借方）	右栏（贷方）	左右	余额
	015	**结转主营业务收入**(转入)				
	016	**结转主营业务成本**(转入)				
	017	**结转销售费用**(转入)				
	018	**结转所得税**(转入)				

＊"本年利润"账簿对应前四个账簿，连续记了四笔。

第十节 转入未分配利润范例

如果公司董事会决定本年度暂不分红，净利润全部转入未分配利润。

与利润相关的账簿都属于股东权益，都是"来钱"的右账簿，增加额自然对应记入账簿的右栏。

一、填写凭证

第一步，选择账簿："净利润"转入"未分配利润"，涉及"本年利润"和"未分配利润"两个账簿。

第二步，选择栏目：根据左左右右规律进行结转。

结转"净利润"转入"未分配利润"时，选择 019 号记账凭证的栏目。

右账簿"本年利润"转出，使得"本年利润"减少 22,600 元，相反记入凭证的左栏；

右账簿"未分配利润"转入，使得"未分配利润"增加 22,600 元，自然对应记入凭证右栏。

摘要	总分类账名称	明细分类账名称	✓	左栏	✓	右栏
结转净利润	本年利润		✓	22,600		
	未分配利润				✓	22,600
合计				22,600		22,600

记账凭证　　凭证号：019
年　月　日　　附件　　张

二、转登账簿

根据记账凭证上填写的账簿名称，将凭证019号左栏、右栏的金额，自然对应转登到"本年利润""未分配利润"两个账簿的左栏、右栏。

将凭证019号左栏的"本年利润"金额，对应转登到"本年利润"账簿的左栏。

将凭证019号右栏的"未分配利润"金额，对应转登到"未分配利润"账簿右栏。

记账凭证 凭证号：019 附件 张

摘要	总分类账名称	明细分类账名称	√	左栏	√	右栏
结转净利润	本年利润		√	22,600		
	未分配利润				√	22,600
合计				22,600		22,600

账簿028 第5笔
账簿名称：**本年利润**　　总分类账　　第 1 页

日期	凭证号	摘要	左栏	右栏	左右	余额
	015	结转主营业务收入（转入）		391,947	右	391,947
	016	结转主营业务成本（转入）	316,814		左	75,133
	017	结转销售费用（转入）	45,000		左	30,133
	018	结转所得税（转入）	7,533		左	22,600
	019	结转净利润（转出）	22,600		左	0

账簿030 第1笔
账簿名称：**未分配利润**　　总分类账　　第 1 页

日期	凭证号	摘要	左栏	右栏	左右	余额
	019	结转净利润（转入）		22,600	右	22,600

日记账的结账工作类似流水账，从略。

明细分类账与上述总分类账类似，可参照十个范例操作。

练习 3-5-10

第一步，在记账凭证上，将"本年利润"账簿余额 28,533 元结转出，账簿金额减少；而"未分配利润"账簿上则相应结转入，金额增加。

		记账凭证		凭证号：019		
		年 月 日		附件 张		
摘要	总分类账名称	明细分类账名称	✓	左栏（借方）	✓	右栏（贷方）
结转净利润	本年利润	（转出）				
	未分配利润	（转入）				
合计						

第二步，将 019 号记账凭证的内容对应转登到相应账簿。

账簿028　第5笔

账簿名称：**本年利润**　　　　总分类账　　　　第 1 页

日期	凭证号	摘要	左栏（借方）	右栏（贷方）	左右	余额
	015	结转主营业务收入（转入）		315,044	右	315,044
	016	结转主营业务成本（转入）	240,000		左	75,044
	017	结转销售费用（转入）	37,000		左	38,044
	018	结转所得税（转入）	9,511		左	28,533
	019	**结转净利润**（转出）				

账簿030　第1笔

账簿名称：**未分配利润**　　　　总分类账　　　　第 1 页

日期	凭证号	摘要	左栏（借方）	右栏（贷方）	左右	余额
	019	结转净利润（转入）				

第十一节　特殊范例 固定资产折旧、清理、出售

"固定资产折旧"是涉及"资产备抵类"账簿的特殊范例。

"资产备抵类"账簿是左账簿"资产类"的负账簿，是右账簿。

一、计提固定资产折旧

固定资产折旧是指在固定资产使用寿命内，按照确定的方法对应计折旧额进行系统分摊。

登记固定资产折旧时，"计提固定资产折旧"可根据分摊的对象同时分别登记到不同分摊费用的账簿上，分摊费用的账簿如下：

生产车间分摊的费用是"制造费用"；管理部门分摊的费用是"管理费用"；销售部门分摊的费用是"销售费用"。

本例以机器设备每月折旧 30,660 元，分摊入"生产成本——机器折旧费"，作为"计提固定资产折旧"的范例。

第一环节 填写凭证：

第一步，选择账簿："生产成本""累计折旧"两个总分类账和"生产成本——机器折旧费"明细分类账。

第二步，选择栏目：根据左左右右规律，选择栏目。

如前所述，计提固定资产折旧的"累计折旧"是备抵的右账簿。

用钱的左账簿"生产成本"的增加额，自然对应记入凭证左栏；

备抵的右账簿"累计折旧"的增加额，自然对应记入凭证右栏。

记账凭证　　凭证号：113
年　月　日　　附件　张

摘要	总分类账名称	明细分类账名称	√	左栏	√	右栏
计提机器折旧	生产成本	机器折旧费		30,660		
	累计折旧					30,660
合计				30,660		30,660

第二环节 转登账簿：

根据记账凭证上填写的账簿名称，将 113 号凭证左栏、右栏的金额，自然对应转登到"生产成本""累计折旧""生产成本——机器折旧费"三个账簿的左栏、右栏。

将 113 号凭证左栏的"生产成本"金额，对应转登到"生产成本"账簿的左栏。

将 113 号凭证右栏的"累计折旧"金额，对应转登到"累计折旧"账簿的右栏。

将 113 号凭证左栏的"生产成本——机器折旧费"，平行转登到明细分类账的左栏。

账簿122 第1笔

账簿名称：生产成本　　　　总分类账　　　　　第 1 页

日期	凭证号	摘要	左栏（借方）	右栏（贷方）	左右	余额
		上页结转				1,000,000
	113	计提机器折旧	30,660		左	1,030,660

账簿123 第1笔

账簿名称：累计折旧　　　　总分类账　　　　　第 1 页

日期	凭证号	摘要	左栏（借方）	右栏（贷方）	左右	余额
		上页结转				306,060
	113	计提机器折旧		30,660	右	336,720

账簿122-1 第1簿

账簿名称：生产成本-机器折旧费　　明细分类账　　　　第 1 页

日期	凭证号	摘要	左栏（借方）	右栏（贷方）	左右	余额
		上页结转				200,000
	113	计提机器折旧	30,660		左	230,660

二、清理固定资产

"固定资产清理"用来核算企业因出售、报废和毁损等原因转入清理的固定资产价值以及在清理过程中所发生的清理费用和清理收入。

"固定资产清理"是资产类的左账簿；

"累计折旧""固定资产减值准备"都是负的资产类，右账簿。

本例以"报废固定资产"作为范例，将"固定资产"1,136,720 元、"累计折旧" 336,720 元和"固定资产减值准备" 200,000 元，结转入"固定资产清理" 600,000 元（清理细节略）。

四个账簿金额对应关系如下：

固定资产清理 = 固定资产 −（累计折旧 + 固定资产减值准备）

第一环节　填写凭证：

第一步，选择账簿：清理固定资产涉及"固定资产清理""累计折旧""固定资产减值准备""固定资产"四个分类账簿。（明细分类账略）

第二步，选择栏目：结转入

用钱的左账簿"固定资产清理"的增加额，自然对应记入凭证的左栏；

备抵的右账簿结转入"累计折旧"的减少额，相反对应记入凭证的左栏；

备抵的右账簿结转入"固定资产减值准备"减少额，相反对应记入凭证的左栏；

用钱的左账簿"固定资产"的减少额，相反对应记入凭证右栏。

记账凭证　　凭证号：114
年　月　日　　附件　张

摘要	总分类账名称	明细分类账名称	√	左栏	√	右栏
报废固定资产	固定资产清理	(结转固定资产账面价)		600,000		
	累计折旧	(结转计提折旧)		336,720		
	固定资产减值准备	(结转固定资产减值准备)		200,000		
	固定资产					1,136,720
合计				1,136,720		1,136,720

第二环节　转登账簿：

根据记账凭证上填写的账簿名称，将 114 号凭证左栏、右栏的金额，自然对应转登到"固定资产清理""累计折旧""固定资产减值准备""固定资产"四个账簿的左栏、右栏。

* 固定资产减值准备，由于固定资产市价持续下跌或技术陈旧、损坏、长期闲置等导致其可收回金额低于账面价值的，应当将可收回金额低于其账面价值的差额作为固定资产减值准备。

账簿133 第1笔

账簿名称：**固定资产清理**　　　　　总分类账　　　　　第 1 页

日期	凭证号	摘要	左栏（借方）	右栏（贷方）	左右	余额
	114	报废固定资产	600,000		左	600,000

账簿123 第2笔

账簿名称：**累计折旧**　　　　　总分类账　　　　　第 1 页

日期	凭证号	摘要	左栏（借方）	右栏（贷方）	左右	余额
		上页结转				306,060
	113	计提机器折旧		30,660	右	336,720
	114	报废固定资产	336,720		右	0

账簿134 第1笔

账簿名称：**固定资产减值准备**　　　　　总分类账　　　　　第 1 页

日期	凭证号	摘要	左栏（借方）	右栏（贷方）	左右	余额
		上页结转				1,200,000
	114	报废固定资产	200,000		右	1,000,000

账簿004 第60笔

账簿名称：**固定资产**　　　　　总分类账　　　　　第 1 页

日期	凭证号	摘要	左栏（借方）	右栏（贷方）	左右	余额
		上页结转				5,000,000
	114	报废固定资产		1,136,720	右	3,863,280

三、出售固定资产

第一环节　填写凭证：

第一步，选择账簿：

出售设备收回款项涉及"银行存款""固定资产清理"两个账簿。

第二步，选择栏目：

用钱的左账簿"银行存款"的增加额，自然对应记入凭证左栏；

用钱的左账簿"固定资产清理"减少额，相反对应记入凭证右栏。

记账凭证　凭证号：115
年　月　日　附件　张

摘要	总分类账名称	明细分类账名称	√	左栏	√	右栏
出售固定资产	银行存款			600,000		
	固定资产清理					600,000
合计				600,000		600,000

第二环节　转登账簿：

根据记账凭证的账簿名称，将凭证115号的金额，转登账簿的左栏、右栏。

账簿001　第1006笔
账簿名称：银行存款　　总分类账　　第1页

日期	凭证号	摘要	左栏（借方）	右栏（贷方）	左右	余额
		上页结转				1,066,066
	115	出售固定资产	600,000		左	1,666,066

账簿133　第2笔
账本名称：固定资产清理　　总分类账　　第1页

日期	凭证号	摘要	左栏（借方）	右栏（贷方）	左右	余额
	114	报废固定资产	600,000		左	600,000
	115	出售固定资产		600,000	左	0

第六章　编制会计报表

第一节　资产负债表

资产负债表可以反映出某一日期，企业可支配的"资产"与"属于企业股东的钱"（股东权益）与"借的和欠的钱"（负债）的相等平衡关系。

资产负债表是根据基本会计等式设计的。

$$资产 = 负债 + 股东权益$$

本书资产负债表中，各账簿的金额都是从上述十个范例的相应账簿上转登过来的。其中"未分配利润"是从下述"利润表"中转登过来的。读者可以对照理解。

表1　　　　　　　　　　　　　资产负债表

		左账簿				右账簿			
		资产	期末余额	年初余额		负债和股东权益	期末余额	年初余额	
		资产				**负债**			
账簿001+015	1	货币资金	1,730,367		21	短期借款			
	3	应收票据			22	长期借款	1,000,000		账簿005
	4	应收账款			26	应付账款			
					27	应付职工薪酬			
账簿010		存货	267,257		28	应交税费	-24,976		账簿014
		原材料							
账簿002		固定资产	3,000,000			**股东权益**			
		无形资产			31	股本	4,000,000		账簿003
					32	资本公积			
					35	盈余公积			
					36	未分配利润	22,600		账簿030
		资产总计	4,997,624			负债和股东权益总计	4,997,624		

实际的"资产负债表"中,有时金额栏分为"期初数"和"期末数"。读者可参照"第三章 记账的工具"中的"资产负债表",自己理解。

财务人员将资产、负债和股东权益这三大类的各个账簿的余额转登到资产负债表上。资产负债表的左栏(资产)和右栏(负债+股东权益)的总额应该相等,这张报表可以检验这三大类的各个账簿的余额是否正确。

转登完毕以后,我们可以看到这张报表同时提供了三大类分类账簿的各自综合数据和三大类的总额,这样可以有助于宏观地、全面地掌握企业的资产和负债状况,从而作出正确的经营决策。

企业经营的两个指标可以从资产负债表的数据中直接计算出来:

资产负债率=负债合计/资产合计

速动比率=速动资产/流动负债合计[①]

[①] 速动资产是指除去存货以外,可以快速变现的流动资产,如库存现金、应收票据、应收账款等。流动负债是指短期内需支付的借款或欠款。

第二节 利润表

利润表是反映某一时点企业利润情况的会计报表。它反映出企业经营的盈亏状况。

净利润＝收入－成本－营业税金及附加－费用－所得税费用

表2　　　　　利润表

		项目	本期金额	上期金额
账簿013	41	一、营业收入	391,947	
账簿020	42	减：营业成本	316,814	
	43	营业税金及附加		
账簿016	46	销售费用	45,000	
	47	管理费用		
	48	财务费用		
	49	研发费用		
	50	二、营业利润		
	51	加：营业外收入		
	52	减：营业外支出		
	60	三、利润总额	30,133	
账簿022	61	减：所得税费用	7,533	
账簿028	66	四、净利润	22,600	

利润表的金额数据也都来自十个范例的相关账簿，读者可对照理解。

从"资产负债表"和"利润表"两张表的数据中，可以计算出以下几项指标：

1. 营运资金周转次数 = 360 / (存货周转天数 + 应收账款周转天数 – 应付账款周转天数)

　　存货周转天数 = 平均存货 / 每天的营业成本

　　应收账款周转天数 = 平均应收账款 / 每天的营业收入

　　应付账款周转天数 = 平均应付账款 / 每天的营业收入

2. 股东投资回报率 = (净利润 / 平均股东权益总额) × 100%

更为详细的会计处理环节：

审核原始凭证→填制记账凭证→登记会计账簿→定期对账、财产清查→结账、编制会计报表。如此周而复始，会计学称之为会计循环。本书不一一细说。

第三节 现金流量表

现金流量表反映了企业在一个时间段内现金流入、流出和结余的基本情况。

表3　　　　　　　　现金流量表

		项目	本期金额	上期金额
		一、经营活动产生的现金流量		
账簿001-5	71	销售商品、提供劳务收到现金	442,900	
	72	收到的税费返回		
	73	其他		
	74	经营活动现金流入小计	442,900	
账簿001-4	75	购买商品、接受劳务支出现金	660,000	
	76	支付给职工的现金	30,000	
账簿015	77	支付其他与经营活动有关的现金	15,000	
账簿001-6	78	支付的各项税费	7,533	
	79	经营活动现金流出小计	712,533	
	80	经营活动产生的现金流量净额	−269,633	
	81	二、投资活动的现金流量		
账簿001-3	82	购建固定资产	2,800,000	
	83	投资活动产生的现金流量净额	−2,800,000	
账簿001-1/2	91	三、筹资活动的现金流量		
	92	筹资活动产生的现金流量净额	4,800,000	
	93	四、汇率变动对现金影响		
	94			
	95	六、期末现金余额	1,730,367	

现金流量表的金额数据也都来自十个范例的相关账簿。

第四部分

学完验——实战检验自我评判

一、看报表　练习答案　实战自评 12 例

练习 1-1

资产负债率反映某一日期，企业可支配的资产中，借钱和欠钱所占比例。

资产负债率 = 负债合计 / 资产总计

= 3,859,408 / 12,111,420

≈ 32%

练习表 1　　　　　　　　　资产负债表

	资产	期末余额	年初余额		负债和股东权益	期末余额	年初余额
16				45	长期借款	1,500,000	1,500,000
17				47	长期应付款		
18	固定资产	2,100,000	2,600,000	51	其他非流动负债		
19				52	非流动负债合计	1,500,000	1,500,000
				53	负债合计	3,859,408	3,303,433
				54	股本(实收资本)	4,000,000	4,000,000
24				55	资本公积		
27				57	盈余公积	425,201	198,001
28				58	未分配利润	3,826,811	1,782,005
31	资产总计	12,111,420	9,283,439	60	负债和股东权益总计	12,111,420	9,283,439

分析表明，本企业这个指标约为 32%。对照体检表，一般指标为 60%—70%，警戒线为 85%，可知"资产负债率"在正常范围内，可以说稳健，也可以说有些保守。

练习 1-2

速动比率表示短期内公司将速动资产变现用来偿还流动负债的能力。

速动比率 = 速动资产 / 流动负债

= (货币资金 + 交易性金融资产 + 应收票据 + 应收账款) / 流动负债

= （666,073 + 600,000 + 1,106,356）/ 2,359,408

= 2,372,429 / 2,359,408

≈ 1.01

练习表1　　　　　　　　　　资产负债表

	资产	期末余额	年初余额		负债和股东权益	期末余额	年初余额
1	货币资金	660,073	500,423	32	短期借款	500,000	500,000
2	交易性金融资产			33	交易性金融负债		
3	应收票据	600,000	700,000	34	应付票据		
4	应收账款	1,106,356	1,000,000	35	应付账款	900,000	80,000
5	预付款项	2,542,041	630,000	36	预收账款		
6	应收利息	86,359	86,359	37	应付职工薪酬	160,558	214,900
8	其他应收款	2,560,800	1,446,657	38	应交税费	618,800	865,433
9	存货	1,662,000	1,820,000	39	应付利息	80,000	80,000
11	其他流动资产			41	其他应付款	100,050	63,100
12	流动资产合计	9,217,629	6,183,439	43	其他流动负债		
				44	流动负债合计	2,359,408	1,803,433

分析表明，本企业的比率约为 1.01，对照企业体检表中"速动比率"的一般指标为 >1，基本上可以满足偿还流动负债的要求。

练习 1-3

现金流动负债比率 表示短期内公司依靠现金偿还短期债务的能力,是指每偿还 1 元流动负债所需要的"经营活动产生的现金流量"。

现金流动负债比率

= 经营活动产生的现金流量净额 / 期末流动负债

= 527,515 / 2,359,408

≈ 0.22

练习表1　　　　　　　　资产负债表

	资产	期末余额	年初余额		负债和股东权益	期末余额	年初余额
1	货币资金	660,073	500,423	32	短期借款	500,000	500,000
2	交易性金融资产			33	交易性金融负债		
3	应收票据	600,000	700,000	34	应付票据		
4	应收账款	1,106,356	1,000,000	35	应付账款	900,000	80,000
				44	流动负债合计	2,359,408	1,803,433

练习表3　　　　　　　　现金流量表（主表）

	项目	本期金额	上期金额
	一、经营活动产生的现金流量		
81	销售商品、提供劳务收到的现金	11,291,719	
83	收到其他与经营活动有关的现金		
90	经营活动产生的现金流量净额	527,515	

分析表明,短期内公司依靠现金偿还短期债务的比率约为 0.22,对照企业体检表中"现金流动负债比"的一般指标应＞0.5,无法满足偿还流动负债的要求。

练习 1-4

现金付息倍数反映的是企业以保障支付利息来维持偿还债务的能力,是指每偿还 1 元债务利息所需要多少"经营活动产生的现金流量"。

现金付息倍数

= 经营活动产生的现金流量净额 / 本期全部债务利息

= 527,515 / 595,065

≈ 0.89

练习表3　　　　　　　现金流量表（主表）

	项目	本期金额	上期金额
	一、经营活动产生的现金流量		
81	销售商品、提供劳务收到的现金	11,291,719	
83	收到其他与经营活动有关的现金		
90	经营活动产生的现金流量净额	527,515	

练习表2　　　　　　　利润表

	项目	本期金额	上期金额
61	一、营业收入	10,600,066	9,600,006
62	减:营业成本	5,465,300	4,949,678
63	营业税金及附加	200,000	
64	销售费用	583,530	
65	管理费用	1,151,830	
66	财务费用	595,065	

分析表明,公司依靠经营活动产生的现金支付利息的保障倍数约为 0.89,对照企业体检表中"现金付息倍数"的一般指标应＞2.0,无法满足支付利息的需求。

练习 1-5-1

存货周转天数是指产品入库到销售转为库存现金或应收账款的周期。

存货周转天数

= 平均存货 / 每天的营业成本

= [(存货期末余额 + 存货年初余额) / 2] / 每天的营业成本

= [(1,662,000 + 1,820,000) / 2] / (5,465,300 / 360）

= 1,741,000 / 15,181

≈ 115（天）

练习表1　　　　　　　　　　资产负债表

	资产	期末余额	年初余额		负债和股东权益	期末余额	年初余额
1	货币资金	660,073	500,423	32	短期借款	500,000	500,000
2	交易性金融资产			33	交易性金融负债		
3	应收票据	600,000	700,000	34	应付票据		
9	存货	1,662,000	1,820,000	39	应付利息	80,000	80,000

练习表2　　　　　　　　　　利润表

	项目	本期金额	上期金额
61	一、营业收入	10,600,066	9,600,006
62	减：营业成本	5,465,300	4,949,678
63	营业税金及附加	200,000	
64	销售费用	583,530	

分析：单独考虑这个指标一般应＜120 天，该指标约为 115 天，大致合格，但要注意加快库存商品周转速度，不能大意。

练习 1-5-2

应收账款周转天数是指应收账款或应收票据转为库存现金的周期。

应收账款、应收票据周期天数 = 平均应收款 / 每天的营业收入

= [(应收票据期末余额 + 应收票据年初余额 + 应收账款期末余额

　+ 应收账款年初余额) / 2] / 每天的营业收入

= [(600,000 + 700,000 + 1,106,356 + 1,000,000) / 2] / (10,600,066 / 360）

= 1,703,178 / 29,445

≈ 58（天）

练习表1　　　　　　　　资产负债表

	资产	期末余额	年初余额		负债和股东权益	期末余额	年初余额
1	货币资金	660,073	500,423	32	短期借款	500,000	500,000
2	交易性金融资产			33	交易性金融负债		
3	应收票据	600,000	700,000	34	应付票据		
4	应收账款	1,106,356	1,000,000	35	应付账款	900,000	80,000
5	预付款项	2,542,041	630,000	36	预收账款		

练习表2　　　　　　　　利润表

	项目	本期金额	上期金额
61	一、营业收入	10,600,066	9,600,006
62	减:营业成本	5,465,300	4,949,678
63	营业税金及附加	200,000	
64	销售费用	583,530	

分析：单独考虑这个指标一般应＜120 天为好，企业的应收账款周转天数约为 58 天，显然应收账款变现速度不错。

练习 1-5-3

应付票据、应付账款周转天数
= 平均应付款 / 每天的营业成本
= [(应付票据期末余额 + 应付票据年初余额 + 应付账款期末余额 + 应付账款年初余额）/ 2］/ 每天的营业成本
= [(0 + 0 + 900,000 + 80,000) / 2］/ (5,465,300 / 360)
= 490,000 / 15,181
≈ 32（天）

练习表1　　　　　　　　　资产负债表

	资产	期末余额	年初余额		负债和股东权益	期末余额	年初余额
1	货币资金	660,073	500,423	32	短期借款	500,000	500,000
2	交易性金融资产			33	交易性金融负债		
3	应收票据	600,000	700,000	34	应付票据		
4	应收账款	1,106,356	1,000,000	35	应付账款	900,000	80,000
5	预付款项	2,542,041	630,000	36	预收账款		

练习表2　　　　　　　　　利润表

	项目	本期金额	上期金额
61	一、营业收入	10,600,066	9,600,006
62	减：**营业成本**	5,465,300	4,949,678
63	营业税金及附加	200,000	
64	销售费用	583,530	

分析：此项指标应该在不影响经营活动合作关系的前提下尽量争取增加，这样有利于加快企业的资金周转。

练习 1-5-4

营运资金周转次数是企业运营的一个综合指标，与营运资金周转次数相关的指标如下：

营运资金周转次数

= 360 天 / (存货周转天数 + 应收账款周转天数 − 应付账款周转天数)

= 360 天 / (115 + 58 − 32) 天

= 360 / 141

≈ 2.55（次）

项目	周转次数/年	天数/年	周转天数
存货周转天数			115
应收账款周转天数			58
应付账款周转天数			32
营运资金周转次数	2.55	360	141

综合分析：一般情况每年＞3 次为好，本企业指标约为 2.55 次，说明资金周转速度有待提高，可通过改善上述三个指标来提高"营运资金周转次数"。

练习 1-6

营运资金需求总量是测算企业下一年（期）所需营运资金的指标。

营运资金需求总量

= 上年度营业成本 ×（1+ 预期销售增长率）/ 营运资金周转次数

= 4,949,678 ×（1+10%）/ 2.55

= 5,444,645.80 / 2.55 ≈ 2,135,155.22（元）

练习表2　　　　　　　　利润表

	项目	本期金额	上期金额
61	一、营业收入	10,600,066	9,600,006
62	减:营业成本	5,465,300	4,949,678

分析：按此预算所需"营运资金需求总量"约为 214 万元。

如下一年考虑销售市场变化情况，将"存货周转天数"调为 90 天，"应收账款周转天数"调为 60，"应付账款周转天数"调为 50，则调整结果如下：

项目	当年实现指标		下年改进指标	
	天数	次数	天数	次数
存货周转天数	115		90	
应收款周转天数	58		60	
应付款周转天数	32		50	
营运资金周转数	141	2.55	100	3.6

= 360 天 /（存货周转天数 + 应收账款周转天数 − 应付账款周转天数）

= 360 天 /（90 + 60 − 50）天 = 3.6（次）

营运资金需求总量

= 上年度营业成本 ×（1+ 预期销售增长率）/ 营运资金周转次数

= 4,949,678 ×（1 + 10%）/ 3.6

≈ 1,512,401.61（元）

分析：加强资金运筹管理后，所需营运资金需求总量下降为约 151 万元。

练习 1-7

营业收入净利率是指企业每收入 1 元钱，与可以产生的净利润的比率。

营业收入净利率

=（净利润 / 营业收入）× 100%

=（2,272,006 / 10,600,066）× 100%

≈ 21%

练习表2　　　　　　利润表

	项目	本期金额	上期金额
61	一、营业收入	10,600,066	9,600,006
62	减：营业成本	5,465,300	4,949,678
63	营业税金及附加	200,000	
64	销售费用	583,530	
65	管理费用	1,151,830	
66	财务费用	595,065	
75	四、净利润（亏损以"-"号填列）	2,272,006	1,980,006

分析：此指标表示企业每收入 1 元钱，约有 0.21 元的净利润。对照"企业体检表"的一般指标，达到了很高水平。

练习 1-8

股东投资回报率 (Rate of Return on Common Stockholders' Equity, 简称 ROE)，又称净资产收益率。

股东投资回报率

= (净利润 / 平均股东权益合计) × 100%

= { 净利润 / [(股东权益合计期末余额 + 股东权益合计年初余额) / 2] } × 100%

= { 2,272,006 / [(8,252,012 + 5,980,006) / 2] } × 100%

= { 2,272,006 / 7,116,009 } × 100%

≈ 32%

练习表1　　　　　　　　　资产负债表

资产	期末余额	年初余额		负债和股东权益	期末余额	年初余额
				股东权益(所有者权益)：		
			54	股本(实收资本)	4,000,000	4,000,000
24			55	资本公积		
27			57	盈余公积	425,201	198,001
28			58	未分配利润	3,826,811	1,782,005
29 其他非流动资产	793,791	500,000	59	股东权益合计	8,252,012	5,980,006

练习表2　　　　　　　　　利润表

	项目	本期金额	上期金额
61	一、营业收入	10,600,066	9,600,006
70	二、营业利润（亏损以"-"号填列）		
73	三、利润总额（亏损以"-"号填列）		
75	**四、净利润（亏损以"-"号填列）**	**2,272,006**	**1,980,006**

分析：股东投资回报率显示股东每投资 1 元钱与所产生净利润的比率，对照"企业体检表"一般指标应大于 8%。本期企业指标很高，标明企业本期短期经营收益很好，但更要注重长期收益率。<u>巴菲特最重视此指标。</u>

练习 1-9

营业收入增长率是指企业本年度"主营业务收入"总额与上一年"主营业务收入"总额的比率。

营业收入增长率

= [营业收入本期金额 − 营业收入上期金额) / 营业收入上期金额] × 100%

= [(10,600,066 − 9,600,006) / 9,600,006] × 100%

≈ 10%

练习表2　　　　　　利润表

	项目	本期金额	上期金额
61	一、营业收入	10,600,066	9,600,006
62	减:营业成本	5,465,300	4,949,678
63	营业税金及附加	200,000	
64	销售费用	583,530	
65	管理费用	1,151,830	
66	财务费用	595,065	

分析：对照"企业体检表"，这项指标一般应该 >10%，本企业营业收入增长率约 10%，基本符合预期。

练习 1-10

净利润增长率是指企业本期净利润额与上期净利润额增长的比率,反映企业实现价值最大化的扩张速度,是综合衡量企业资产营运与管理业绩,以及成长状态和发展能力的重要指标。

净利润增长率
= [(净利润本期金额 − 净利润上期金额) / 净利润上期金额] × 100%
= [(2,272,006 − 1,980,006) / 1,980,006] × 100%
≈ 15%

练习表2　　　　　　　利润表

	项目	本期金额	上期金额
61	一、营业收入	10,600,066	9,600,006
70	二、营业利润（亏损以"-"号填列）		
73	三、利润总额（亏损以"-"号填列）		
74	减：所得税费用	757,335	
75	四、净利润（亏损以"-"号填列）	2,272,006	1,980,006

分析：本企业净利润增长率约15%,说明企业实现价值最大化的扩张速度不错。

二、测盈亏 练习答案 实战自评 8 例

练习 2-1

毛利率为 36% 时，净利润为 1,332,744 元。

练习2-1　　销售企业利润测算表

	项目	期末	%
41	一、营业收入	13,000,000.00	
42	减：营业成本	8,320,000.00	36.0%
43	减：营业税金及附加：	73,008.00	12.0%
	城市维护建设税	42,588.00	7.0%
	教育费附加	18,252.00	3.0%
	地方教育费附加	12,168.00	2.0%
44	二、营业利润	4,606,992.00	
45	减：销售费用	650,000.00	5.0%
46	减：管理费用	2,080,000.00	16.0%
	管理费用-工资	1,170,000.00	9.0%
	管理费用-社保	325,000.00	2.5%
	管理费用-房租	247,000.00	1.9%
	管理费用-杂项	338,000.00	2.6%
47	减：财务费用	100,000.00	
49	三、利润总额	1,776,992.00	
50	减：所得税费用	444,248.00	25.0%
51	四、净利润	1,332,744.00	

资产负债表

	负债和股东权益	期末	%
22	未分配利润	1,332,744.00	
32	应交税费	608,400.00	13.0%

练习 2-2

毛利率为 36% 时，净利润为 1,332,744 元；

调整毛利率为 38% 时，净利润为 1,524,702 元。

练习2-2　　销售企业利润测算表

	项目	期末	%
41	一、营业收入	13,000,000.00	
42	减：营业成本	8,060,000.00	38.0%
43	减：营业税金及附加：	77,064.00	12.0%
	城市维护建设税	44,954.00	7.0%
	教育费附加	19,266.00	3.0%
	地方教育费附加	12,844.00	2.0%
44	二、营业利润	4,862,936.00	
45	减：销售费用	650,000.00	5.0%
46	减：管理费用	2,080,000.00	16.0%
	管理费用-工资	1,170,000.00	9.0%
	管理费用-社保	325,000.00	2.5%
	管理费用-房租	247,000.00	1.9%
	管理费用-杂项	338,000.00	2.6%
47	减：财务费用	100,000.00	
49	三、利润总额	2,032,936.00	
50	减：所得税费用	508,234.00	25.0%
51	四、净利润	1,524,702.00	

资产负债表

	负债和股东权益	期末	%
22	未分配利润	1,524,702.00	
32	应交税费	642,200.00	13.0%

练习 2-3

保持毛利率为 35% 不变，销售费用率由 5% 调为 4%，净利润为 1,334,265 元。

练习2-3　　销售企业利润测算表

	项目	金额	%
41	一、营业收入	13,000,000.00	
42	减：营业成本	8,450,000.00	35.0%
43	减：营业税金及附加：	70,980.00	12.0%
	城市维护建设税	0.00	7.0%
	教育费附加	0.00	3.0%
	地方教育费附加	0.00	2.0%
44	二、营业利润	4,479,020.00	
45	减：销售费用	520,000.00	4.0%
46	减：管理费用	2,080,000.00	16.0%
	管理费用-工资	1,170,000.00	9.0%
	管理费用-社保	325,000.00	2.5%
	管理费用-房租	247,000.00	1.9%
	管理费用-杂项	338,000.00	2.6%
47	减：财务费用	100,000.00	
49	三、利润总额	1,779,020.00	
50	减：所得税费用	444,755.00	25.0%
51	四、净利润	1,334,265.00	

资产负债表

	负债和股东权益	期末	%
22	未分配利润	1,334,265.00	
32	应交税费	591,500.00	13.0%

练习 2-4

保持毛利率为 35% 不变，销售费用由 5% 调整为 4%，管理费用——工资由 9% 调整为 8%，管理费用——房租由 1.9% 调整为 1.6%，净利润为 1,461,015 元。

练习2-4　　销售企业利润测算表

	项目	金额	%
41	一、营业收入	13,000,000.00	
42	减：营业成本	8,450,000.00	35.0%
43	减：营业税金及附加：	70,980.00	12.0%
	城市维护建设税	0.00	7.0%
	教育费附加	0.00	3.0%
	地方教育费附加	0.00	2.0%
44	二、营业利润	4,479,020.00	
45	减：销售费用	520,000.00	4.0%
46	减：管理费用	1,911,000.00	14.7%
	管理费用-工资	1,040,000.00	8.0%
	管理费用-社保	325,000.00	2.5%
	管理费用-房租	208,000.00	1.6%
	管理费用-杂项	338,000.00	2.6%
47	减：财务费用	100,000.00	
49	三、利润总额	1,948,020.00	
50	减：所得税费用	487,005.00	25.0%
51	四、净利润	1,461,015.00	

资产负债表

	负债和股东权益	期末	%
22	未分配利润	1,461,015.00	
32	应交税费	591,500.00	13.0%

练习 2-5

保持毛利率为 35% 不变，销售费用由 5% 调整为 4%，管理费用——工资由 9% 调整为 8%，管理费用——房租由 1.9% 调整为 1.6%，管理费用——杂项由 2.6% 调整为 2.2%，净利润为 1,500,015 元。

练习2-5　　销售企业利润测算表

	项目	金额	%
41	一、营业收入	13,000,000.00	
42	减：营业成本	8,450,000.00	35.0%
43	减：营业税金及附加：	70,980.00	12.0%
	城市维护建设税		7.0%
	教育费附加		3.0%
	地方教育费附加		2.0%
44	二、营业利润	4,479,020.00	
45	减：销售费用	520,000.00	4.0%
46	减：管理费用	1,859,000.00	14.3%
	管理费用-工资	1,040,000.00	8.0%
	管理费用-社保	325,000.00	2.5%
	管理费用-房租	208,000.00	1.6%
	管理费用-杂项	286,000.00	2.2%
47	减：财务费用	100,000.00	
49	三、利润总额	2,000,020.00	
50	减：所得税费用	500,005.00	25.0%
51	四、净利润	1,500,015.00	

资产负债表

	负债和股东权益	期末	%
22	未分配利润	1,500,015.00	
32	应交税费	591,500.00	13.0%

练习 2-6

牛肉酱产量为 50,000 瓶，香辣豆豉产量为 60,000 瓶，出厂价：牛肉酱 8.79 元/瓶，豆豉酱 5.71 元/瓶，当月销售收入 782,320 元，当月利润 223,520 元。

生产成本分类		成本、费用	当月产量（瓶）	变动成本（瓶）	分类成本金额	成本预计 %	固定成本（瓶）	单位成本（瓶）	单瓶出厂价（40%利）	当月销售收入	当月利润
固定成本、半固定成本	直接人工成本	生产工人工资+社保（固定成本）			153,300.00						
	制造费用成本	燃料费			25,550.00						
		生产车间场地费（固定成本）			35,770.00						
		机器折旧费（固定成本）			30,660.00						
		车间水电费			10,220.00						
		生产部门管理人员工资+社保(固定成本)			40,880.00						
		生产部门劳保费			5,260.00						
		生产部门杂费			5,260.00						
		其他									
	固定成本合计				306,900.00	55%					
变动成本	直接材料成本	包装材料费	110,000	0.28	30,800.00						
		五香牛肉酱食材费	50,000	3.21	160,500.00		2.79	6.28	8.79	439,600.00	
		香辣豆豉食材费	60,000	1.01	60,600.00		2.79	4.08	5.71	342,720.00	
		其他									
	变动成本合计				251,900.00	45%					
总计					558,800.00	100%				782,320.00	223,520.00

练习 2-7

牛肉酱产量为 60,000 瓶，香辣豆豉产量为 60,000 瓶，出厂价：牛肉酱 8.47 元/瓶，豆豉酱 5.39 元/瓶，当月销售收入 831,180 元，当月利润 237,480 元。

生产成本分类	成本、费用	当月产量（瓶）	变动成本（瓶）	分类成本金额	成本预计 %	固定成本（瓶）	单位成本（瓶）	单瓶出厂价（40%利）	当月销售收入	当月利润
直接人工成本	生产工人工资+社保（固定成本）			153,300.00						
固定成本、半固定成本 / 制造费用成本	燃料费			25,550.00						
	生产车间场地费（固定成本）			35,770.00						
	机器折旧费（固定成本）			30,660.00						
	车间水电费			10,220.00						
	生产部门管理人员工资+社保（固定成本）			40,880.00						
	生产部门劳保费			5,260.00						
	生产部门杂费			5,260.00						
	其他									
固定成本合计				306,900.00	52%					
变动成本 / 直接材料成本（变动成本）	包装材料费	120,000	0.28	33,600.00						
	五香牛肉酱食材费	60,000	3.21	192,600.00		2.56	6.05	8.47	507,990.00	
	香辣豆豉食材费	60,000	1.01	60,600.00		2.56	3.85	5.39	323,190.00	
	其他									
变动成本合计				286,800.00	48%					
总计				593,700.00	100%				831,180.00	237,480.00

练习 2-8

牛肉酱产量为 80,000 瓶，香辣豆豉产量为 80,000 瓶时，出厂价：牛肉酱 7.57 元 / 瓶，豆豉酱 4.49 元 / 瓶，当月销售收入 965,020 元，当月利润 275,720 元。

生产成本分类	成本、费用	当月产量（瓶）	变动成本（瓶）	分类成本金额	成本预计 %	固定成本（瓶）	单位成本（瓶）	单瓶出厂价（40%利）	当月销售收入	当月利润
固定成本、半固定成本	直接人工成本 生产工人工资+社保(固定成本)			153,300.00						
	制造费用成本 燃料费			25,550.00						
	生产车间场地费(固定成本)			35,770.00						
	机器折旧费(固定成本)			30,660.00						
	车间水电费			10,220.00						
	生产部门管理人员工资+社保(固定成本)			40,880.00						
	生产部门劳保费			5,260.00						
	生产部门杂费			5,260.00						
	其他									
	固定成本合计			306,900.00	45%					
变动成本	直接材料成本（变动成本） 包装材料费	160,000	0.28	44,800.00						
	五香牛肉酱食材费	80,000	3.21	256,800.00		1.92	5.41	7.57	605,710.00	
	香辣豆豉食材费	80,000	1.01	80,800.00		1.92	3.21	4.49	359,310.00	
	其他									
	变动成本合计			382,400.00	55%					
	总计			689,300.00	100%				965,020.00	275,720.00

三、学记账 练习答案 实战自评 14 例

练习 3-1

现金日记账

日期	摘要	收	付	累计
	库存现金	30,000		30,000
	支付费用		2,000	28,000
	支付工资		26,000	2,000

银行存款日记账

日期	摘要	收	付	累计
	张山投资	100,000		100,000
	李思投资	100,000		200,000
	银行贷款	600,000		800,000
	转账租厂房		10,000	790,000
	银行提取现金		30,000	760,000
	转账租机器		12,000	748,000
	转账购买原材料		100,000	648,000
	转账支付费用		16,000	632,000

练习 3-2

账簿名称	用　途
库存现金	登记存放在公司的少量现金的金额。
银行存款	登记经银行转账、汇款、收款后结存的金额。
应收账款	登记企业应当收取但尚未收到的金额。
库存商品	登记自制或购入的、可以对外销售的商品金额。
原材料	登记生产用的各种消耗原料和材料的金额。
固定资产	登记为生产产品、提供劳务等持有的，使用时间超过12个月，价值达到一定标准的非货币性资产。
管理费用	登记企业行政管理部门为组织和管理生产经营活动而发生的各项费用。
财务费用	登记企业在生产经营过程中为筹集资金而发生的筹资费用。
销售费用	登记销售产品、自制半成品和提供劳务等过程中发生的各项费用。
主营业务成本	间接登记(结转)公司生产和销售与主营业务有关的产品或服务所必须投入的直接成本，主要登记结转入的已售存货、原材料、人工成本（工资）和固定资产折旧等。
所得税费用	登记企业应当从利润中扣除的所得税费用的金额。
股本	即实收资本：登记股东投资的金额。
本年利润	登记逐月登记计算出的当月利润金额等。
利润分配	登记核算利润的分配（或亏损的弥补）和历年分配（或弥补）后的余额。
长期借款	登记向银行或其他人一年期以上借款的金额。
短期借款	登记向银行或其他人一年期以下借款的金额。
应付账款	登记因购买材料、商品和接受劳务供应等经营活动应支付款项。
应付职工薪酬	登记企业应付给职工的工资总额。
主营业务收入	登记企业经常性的、主要业务所产生的基本收入的金额。
应交税费	登记与销售收入同时产生的代收应交税款，如增值税、城建税、消费税金额，以及计算之后跨月缴纳的所得税费用等金额。
累计折旧	登记企业每年固定折旧产生的负金额。
坏账准备	登记企业按期提取的估计可能发生坏账的准备金金额。

练习 3-3

一本流水账簿

日期	摘要	收	支	累计
2012/4/1	张山投资	500,000		
2012/4/2	李思投资	500,000		1,000,000
2012/4/3	银行贷款	600,000		1,600,000
2012/4/4	转账租厂房		10,000	1,590,000
2012/4/5	转账租机器		12,000	1,578,000
2012/4/6	转账购买原材料		30,000	1,548,000
2012/4/7	现金支付费用		2,000	1,546,000
2012/4/9	转账支付销售费用		16,000	1,530,000
2012/4/10	现金支付工资		26,000	1,504,000

两本分类账簿

账簿名称 **银行存款** （登记企业从银行转账的钱款）

日期	摘要	左（借）	右（贷）	累计
	存款结余			1,600,000
2012/4/4	转账租厂房		10,000	1,590,000
2012/4/5	转账租机器		12,000	1,578,000
2012/4/6	转账购买原材料		30,000	1,548,000
2012/4/9	转账支付销售费用		16,000	1,532,000

账簿名称 **销售费用** （登记销售费用增加）

日期	摘要	左（借）	右（贷）	累计
	费用累计			0
2012/4/9	转账支付销售费用	16,000		16,000

练习 3-4

发生的业务	选择分类账簿
投资者投资	定选银行存款（＋）；定选股本（＋）。
借入长期借款	定选银行存款（＋）；定选长期借款（＋）。
归还短期借款	定选银行存款（－）；定选短期借款（－）。
购置固定资产	定选固定资产（＋）；挑选银行存款（－）或应付账款（＋）。
购买商品	定选库存商品（＋）及应交税费—增值税—进项税额（－）； 挑选银行存款/库存现金（－）或应付账款（＋）。
销售商品	挑选库存现金/银行存款/应收账款（＋）； 定选主营业务收入及应交税费—增值税—销项税额（＋）。
支付费用	挑选管理费用/财务费用/销售费用（＋）；挑选银行存款/库存现金（－）。
发放管理人员工资	定选管理费用（＋）；挑选银行存款/库存现金（－）。
偿还应付款项	定选银行存款（－）；定选应付账款（－）。
结转成本	定选主营业务成本（＋）；定选库存商品（－）。
计提所得税	定选所得税费用（＋）；定选应交税费—企业所得税（＋）。
缴纳所得税	定选银行存款（－）；定选应交税费—企业所得税（－）。
计算利润	1. 定选主营业务收入—转出使得金额（－）； 　 定选本年利润—转入使得本年利润（＋）。 2. 定选主营业务成本—转出使得金额（－）； 　 定选本年利润—转入使得本年利润（－）。 3. 定选销售费用—转出使得金额（－）； 　 定选本年利润—转入使得本年利润（－）。 4. 定选营业税金及附加—转出使得金额（－）； 　 定选本年利润—转入使得本年利润（－）。 5. 定选所得税费用—转出使得金额（－）； 　 定选本年利润—转入使得本年利润（－）。

＊库存商品（左账簿）的增加额及应交税费（右账簿）的扣减额都记入账簿的左栏。

练习 3-5-1

股东投资

记账凭证 凭证号：001
年 月 日 附件　张

摘要	总分类账名称	明细分类账名称	√	左栏	√	右栏
股东甲投资	银行存款		√	1,200,000		
	股本				√	1,200,000
合计				1,200,000		1,200,000

记账凭证 凭证号：002
年 月 日 附件　张

摘要	总分类账名称	明细分类账名称	√	左栏	√	右栏
股东乙投资	银行存款		√	800,000		
	股本					800,000
	固定资产	(车)	√	200,000	√	
	股本	(车)				200,000
合计				1,000,000		1,000,000

账簿001　第1笔

账簿名称：**银行存款**　　　　　　**总分类账**　　　　　第 1 页

日期	凭证号	摘要	左栏 （借方）	右栏 （贷方）	左右	余额
	001	股东甲投资	1,200,000		左	1,200,000
	002	股东乙投资	800,000		左	2,000,000

账簿002　第1笔

账簿名称：**固定资产**　　　　　　**总分类账**　　　　　第 1 页

日期	凭证号	摘要	左栏 （借方）	右栏 （贷方）	左右	余额
	002	股东乙投资（车）	200,000		左	200,000

账簿003　第1笔

账簿名称：**股本**　　　　　　　　**总分类账**　　　　　第 1 页

日期	凭证号	摘要	左栏 （借方）	右栏 （贷方）	左右	余额
	001	股东甲投资		1,200,000	右	1,200,000
	002	股东乙投资		800,000	右	2,000,000
	002	股东乙投资（车）		200,000	右	2,200,000

练习 3-5-2

银行贷款

记账凭证 凭证号：003
年 月 日 附件 张

摘要	总分类账名称	明细分类账名称	√	左栏	√	右栏
农业银行贷款	银行存款		√	2,200,000		
	长期借款				√	2,200,000
合计				2,200,000		2,200,000

账簿001 第2笔

账簿名称：**银行存款**　　　　总分类账　　　　第 1 页

日期	凭证号	摘要	左栏（借方）	右栏（贷方）	左右	余额
	001	股东甲投资	1,200,000		左	1,200,000
	002	股东乙投资	800,000		左	2,000,000
	003	**农业银行贷款**	**2,200,000**		左	4,200,000

账簿005 第1笔

账簿名称：**长期借款**　　　　总分类账　　　　第 1 页

日期	凭证号	摘要	左栏（借方）	右栏（贷方）	左右	余额
	003	**农业银行贷款**		2,200,000	右	2,200,000

练习 3-5-3

购置固定资产

记账凭证 凭证号：004
年　月　日 附件　　张

摘要	总分类账名称	明细分类账名称	√	左栏	√	右栏
购置房屋	固定资产	房屋建筑物	√	2,100,000		
	银行存款				√	2,100,000
购置设备	固定资产	机器设备	√	500,000		
	银行存款				√	500,000
合计				2,600,000		2,600,000

账簿002　第2笔
账簿名称：**固定资产**　　总分类账　　第 1 页

日期	凭证号	摘要	左栏（借方）	右栏（贷方）	左右	余额
	002	股东乙投资	200,000		左	200,000
	004	购置房屋	2,100,000		左	2,300,000
	004	购置设备	500,000		左	2,800,000

账簿008　第1笔
账簿名称：**固定资产——房屋建筑物**　明细分类账　　第 1 页

日期	凭证号	摘要	左栏（借方）	右栏（贷方）	左右	余额
	004	购置房屋	2,100,000		左	2,100,000

账簿009　第1笔

账簿名称：**固定资产—机器设备**　　明细分类账　　　第 1 页

日期	凭证号	摘要	左栏（借方）	右栏（贷方）	左右	余额
	004	购置设备	500,000		左	500,000

账簿001　第3笔

账簿名称：**银行存款**　　总分类账　　　第 1 页

日期	凭证号	摘要	左栏（借方）	右栏（贷方）	左右	余额
		结转			左	2,000,000
	003	农业银行贷款	2,200,000		左	4,200,000
	004	购置房屋		2,100,000	右	2,100,000
	004	购置设备		500,000	右	1,600,000

练习 3-5-4

采购商品

记账凭证　　　凭证号：005
年　月　日　　附件　张

摘要	总分类账名称	明细分类账名称	√	左栏(借方)	√	右栏(贷方)
购买服装	库存商品		√	200,000		
	应交税费	增值税-进项	√	26,000		
	银行存款				√	226,000
合计				226,000		226,000

记账凭证　　　凭证号：006
年　月　日　　附件　张

摘要	总分类账名称	明细分类账名称	√	左栏(借方)	√	右栏(贷方)
购买运动鞋	库存商品		√	160,000		
	应交税费	增值税-进项	√	20,800		
	银行存款				√	180,800
合计				180,800		180,800

账簿010　第1笔

账簿名称：**库存商品**　　　总分类账　　　第 1 页

日期	凭证号	摘要	左栏(借方)	右栏(贷方)	左右	余额
	005	购买服装	200,000		左	200,000
	006	购买运动鞋	160,000		左	360,000

账簿014-0   第1笔

账簿名称：**应交税费**　　　　**总分类账**　　　　第 1 页

日期	凭证号	摘要	左栏(借方)	右栏(贷方)	左右	余额
	005	购买服装	26,000		左	-26,000
	006	购买运动鞋	20,800		左	-46,800

账簿014-1   第1笔

账簿名称：**应交税费-增值税-进项税额**　**明细分类账**　　第 1 页

日期	凭证号	摘要	左栏(借方)	右栏(贷方)	左右	余额
	005	购买服装	26,000		左	-26,000
	006	购买运动鞋	20,800		左	-46,800

账簿001   第4笔

账簿名称：**银行存款**　　　　**总分类账**　　　　第 1 页

日期	凭证号	摘要	左栏(借方)	右栏(贷方)	左右	余额
		上页结转				4,200,000
	004	购置房屋		2,100,000	右	2,100,000
	004	购置设备		500,000	右	1,600,000
	005	购买服装		226,000	右	1,374,000
	006	购买运动鞋		180,800	右	1,193,200

练习 3-5-5

销售收入

记账凭证 凭证号：007
年　月　日 附件　张

摘要	总分类账名称	明细分类账名称	√	左栏（借方）	√	右栏（贷方）
销售服装	银行存款		√	220,000		
	主营业务收入				√	194,690
	应交税费	增值税-销项			√	25,310
合计				220,000		220,000

记账凭证 凭证号：008
年　月　日 附件　张

摘要	总分类账名称	明细分类账名称	√	左栏（借方）	√	右栏（贷方）
销售运动鞋	银行存款		√	136,000		
	主营业务收入				√	120,354
	应交税费	增值税-销项			√	15,646
合计				136,000		136,000

账簿001　第5笔

账簿名称：**银行存款**　　总分类账　　第 2 页

日期	凭证号	摘要	左栏（借方）	右栏（贷方）	左右	余额
		上页结转				4,200,000
	004	购置房屋		2,100,000	右	2,100,000
	004	购置设备		500,000	右	1,600,000
	005	购买服装		226,000	右	1,374,000
	006	购买运动鞋		180,800	右	1,193,200
	007	**销售服装**	**220,000**		左	**1,413,200**
	008	**销售运动鞋**	**136,000**		左	**1,549,200**

账簿013　第1笔

账簿名称：**主营业务收入**　　　　　**总分类账**　　　　　第 1 页

日期	凭证号	摘要	左栏	右栏	左右	余额
	007	销售服装		194,690	右	194,690
	008	销售运动鞋		120,354	右	315,044

账簿014-0　第2笔

账簿名称：**应交税费**　　　　　**总分类账**　　　　　第 1 页

日期	凭证号	摘要	左栏	右栏	左右	余额
	005	购买服装	26,000		左	-26,000
	006	购买运动鞋	20,800		左	-46,800
	007	销售服装		25,310	右	-21,490
	008	销售运动鞋		15,646	右	-5,844

账簿014-2　第1笔

账簿名称：**应交税费-增值税-销项税额**　**明细分类账**　　第 1 页

日期	凭证号	摘要	左栏	右栏	左右	余额
	007	销售服装		25,310	右	25,310
	008	销售运动鞋		15,646	右	40,956

练习 3-5-6

销售费用

记账凭证　　　　凭证号：010
年　月　日　　　附件　　张

摘要	总分类账名称	明细分类账名称	√	左栏(借方)	√	右栏(贷方)
付运费	销售费用	运输费	√	6,000		
		库存现金			√	6,000
付差旅费	销售费用	差旅费	√	5,000		
		库存现金			√	5,000
付销售人员工资	销售费用	工资	√	26,000		
		库存现金			√	26,000
合计				37,000		37,000

账簿016　第1笔

账簿名称：**销售费用**　　　总分类账　　　第 1 页

日期	凭证号	摘要	左栏(借方)	右栏(贷方)	左右	余额
	010	付运费	6,000		左	6,000
	010	付差旅费	5,000		左	11,000
	010	付销售人员工资	26,000		左	37,000

账簿017　第1笔

账簿名称：**销售费用——运输费**　　明细分类账　　　第 1 页

日期	凭证号	摘要	左栏(借方)	右栏(贷方)	左右	余额
	010	付运费	6,000		左	6,000

账簿018　第1笔

账簿名称：**销售费用——差旅费**　　**明细分类账**　　　第 1 页

日期	凭证号	摘要	左栏	右栏	左右	余额
	010	付差旅费	5,000		左	5,000

账簿019　第1笔

账簿名称：**销售费用——工资**　　**明细分类账**　　　第 1 页

日期	凭证号	摘要	左栏	右栏	左右	余额
	010	付销售人员工资	26,000		左	26,000

账簿015　第2笔

账簿名称：**库存现金**　　**总分类账**　　　第 1 页

日期	凭证号	摘要	左栏	右栏	左右	余额
	009	提取现金	50,000		左	50,000
	010	付运费		6,000	右	44,000
	010	付差旅费		5,000	右	39,000
	010	付销售人员工资		26,000	右	13,000

练习 3-5-7

结转成本

记账凭证　　　凭证号：011
年　月　日　　　附件　　张

摘要	总分类账名称	明细分类账名称	√	左栏（借方）	√	右栏（贷方）
已售服装进价	主营业务成本	（转入）	√	160,000		
	库存商品	（转出）			√	160,000
合计				160,000		160,000

记账凭证　　　凭证号：012
年　月　日　　　附件　　张

摘要	总分类账名称	明细分类账名称	√	左栏（借方）	√	右栏（贷方）
已售运动鞋进价	主营业务成本	（转入）	√	80,000		
	库存商品	（转出）			√	80,000
合计				80,000		80,000

账簿020　第1笔

账簿名称：**主营业务成本**　　　　总分类账　　　　　第 1 页

日期	凭证号	摘要	左栏(借方)	右栏(贷方)	左右	余额
	011	已售服装进价	160,000		左	160,000
	012	已售运动鞋进价	80,000		左	240,000

原账簿021

账簿010　第2笔

账簿名称：**库存商品**　　　　总分类账　　　　　第 1 页

日期	凭证号	摘要	左栏(借方)	右栏(贷方)	左右	余额
	005	购买服装	200,000		左	200,000
	006	购买运动鞋	160,000		左	360,000
	011	已售服装进价		160,000	右	200,000
	012	已售运动鞋进价		80,000	右	120,000

练习 3-5-8

计提所得税、缴纳所得税

计提所得税：

记账凭证　　　　凭证号：013
年　月　日　　　附件　张

摘要	总分类账名称	明细分类账名称	√	左栏	√	右栏
计提所得税	所得税费用		√	9,511		
	应交税费	企业所得税			√	9,511
合计				9,511		9,511

缴纳所得税：

记账凭证　　　　凭证号：014
年　月　日　　　附件　张

摘要	总分类账名称	明细分类账名称	√	左栏	√	右栏
缴纳所得税	应交税费	企业所得税	√	9,511		
	银行存款				√	9,511
合计				9,511		9,511

账簿022　第1笔

账簿名称：**所得税费用**　　　总分类账　　　第 1 页

日期	凭证号	摘要	左栏（借方）	右栏（贷方）	左右	余额
	013	计提所得税	9,511		左	9,511

账簿014-0　第3笔

账簿名称：**应交税费**　　　　　　　总分类账　　　　　第 1 页

日期	凭证号	摘要	左栏	右栏	左右	余额
	005	购买服装（进项）	26,000		左	-26,000
	006	购买运动鞋（进项）	20,800		左	-46,800
	007	销售服装（销项）		25,310	右	-21,490
	008	销售运动鞋（销项）		15,646	右	-5,844
	013	计提所得税		9,511	右	3,667
	014	缴纳所得税	9,511		左	-5,844

账簿023　第1笔

账簿名称：**应交税费—企业所得税**　　　明细分类账　　　　第 1 页

日期	凭证号	摘要	左栏	右栏	左右	余额
	013	计提所得税		9,511	右	9,511
	014	缴纳所得税	9,511		左	0

账簿001　第7笔

账簿名称：**银行存款**　　　　　　　总分类账　　　　　第 2 页

日期	凭证号	摘要	左栏	右栏	左右	余额
		上页结转				4,200,000
	004	购置房屋		2,100,000	右	2,100,000
	004	购置设备		500,000	右	1,600,000
	005	购买服装		226,000	右	1,374,000
	006	购买运动鞋		180,800	右	1,193,200
	007	销售服装	220,000		左	1,413,200
	008	销售运动鞋	136,000		左	1,549,200
	009	提取现金		50,000	右	1,499,200
	014	缴纳所得税		9,511	右	1,489,689

练习 3-5-9

结算利润

记账凭证 凭证号:015
年 月 日 附件 张

摘要	总分类账名称	明细分类账名称	√	左栏(借方)	√	右栏(贷方)
结转主营业务收入	主营业务收入	（转出）	√	315,044		
转入收入使利润增	本年利润	（转入）			√	315,044
合计				315,044		315,044

记账凭证 凭证号:016
年 月 日 附件 张

摘要	总分类账名称	明细分类账名称	√	左栏(借方)	√	右栏(贷方)
结转主营业务成本	本年利润	（转入）	√	240,000		
转入成本使利润减	主营业务成本	（转出）			√	240,000
合计				240,000		240,000

记账凭证 凭证号:017
年 月 日 附件 张

摘要	总分类账名称	明细分类账名称	√	左栏(借方)	√	右栏(贷方)
结转销售费用	本年利润	（转入）	√	37,000		
转入费用使利润减	销售费用	（转出）			√	37,000
合计				37,000		37,000

记账凭证 凭证号:018
年 月 日 附件 张

摘要	总分类账名称	明细分类账名称	√	左栏(借方)	√	右栏(贷方)
结转所得税	本年利润	（转入）	√	9,511		
税费转入使利润减	所得税费用	（转出）			√	9,511
合计				9,511		9,511

第一步，根据四张凭证，将四个**转出账簿**"主营业务收入""主营业务成本""销售费用""所得税费用"的**余额转出**，并清零。

账簿013 第2笔

账簿名称：主营业务收入　　　　总分类账　　　　第 1 页

日期	凭证号	摘要	左栏（借方）	右栏（贷方）	左右	余额
	007	销售服装		194,690	右	194,690
	008	销售运动鞋		120,354	右	315,044
	015	结转主营业务收入(转出)	315,044		左	0

账簿020 第2笔

账簿名称：主营业务成本　　　　总分类账　　　　第 1 页

日期	凭证号	摘要	左栏（借方）	右栏（贷方）	左右	余额
	011	已售服装进价	160,000		左	160,000
	012	已售漆包线进价	80,000		左	240,000
	016	结转主营业务成本(转出)		240,000	右	0

账簿016 第2笔

账簿名称：销售费用　　　　总分类账　　　　第 1 页

日期	凭证号	摘要	左栏（借方）	右栏（贷方）	左右	余额
	010	付运费	6,000		左	6,000
	010	付差旅费	5,000		左	11,000
	010	付销售人员工资	26,000		左	37,000
	017	结转销售费用(转出)		37,000	右	0

账簿022 第2笔

账簿名称：所得税费用　　　　总分类账　　　　第 1 页

日期	凭证号	摘要	左栏（借方）	右栏（贷方）	左右	余额
	013	计提所得税	9,511		左	9,511
	018	结转所得税(转出)		9,511	右	0

第二步，根据四张凭证，将四个**转出账簿**的**余额**转入"**本年利润**"账簿。

账簿028　第4笔

账簿名称：**本年利润**　　　　总分类账　　　　　　第 1 页

日期	凭证号	摘要	左栏 (借方)	右栏 (贷方)	左右	余额
	015	结转主营业务收入 (转入)		315,044	右	315,044
	016	结转主营业务成本 (转入)	240,000		左	75,044
	017	结转销售费用 (转入)	37,000		左	38,044
	018	结转所得税 (转入)	9,511		左	28,533

232

练习 3-5-10

结转利润

第 10 个练习是当公司董事会决定本年度暂不分红，将净利润 28,533 元全部转入未分配利润。

记账凭证　　　凭证号：019
年　月　日　　附件　　张

摘要	总分类账名称	明细分类账名称	√	左栏	√	右栏
结转净利润	本年利润	(转出)	√	28,533		
	未分配利润	(转入)			√	28,533
合计				28,533		28,533

账簿028　第5笔

账簿名称：**本年利润**　　　总分类账　　　第 1 页

日期	凭证号	摘要	左栏(转出)	右栏(转入)	左右	余额
	015	结转主营业务收入(转入)		315,044	右	315,044
	016	结转主营业务成本(转入)	240,000		左	75,044
	017	结转销售费用(转入)	37,000		左	38,044
	018	结转所得税(转入)	9,511		左	28,533
	019	**结转净利润**(转出)	28,533		左	0

账簿030　第1笔

账簿名称：**未分配利润**　　　总分类账　　　第 1 页

日期	凭证号	摘要	左栏	右栏	左右	余额
	019	**结转净利润**(转入)		28,533	右	28,533

第五部分

知术语——了解常识免被忽悠

第五部分　知术语——了解常识免被忽悠

B

巴菲特指标 268
保本点 81
报废固定资产 181
本量利分析法（保本点分析法/盈亏测算法）80
本年利润 101
比较方法的优劣 98、265
比较兼容性 98、265
比较完备性 98、265
比较易用性 98、265
编制报表 130（标题）、184
编制会计报表 (转登报表) 120、130（标题）、184
变动成本（可变成本）68

C

财会指标 3、4
财务报表 5、
财务费用 70
财务分析 12
采购固定资产（范例三） 141
采购商品（范例四）145
长期借款（范例二）101、124
测算方法 80（标题）
测算要素 80
产品成本 81

偿债能力 12
成本 68
成本、费用 68
城建税 76
出售固定资产 183
存货（库存商品）101
存货周转天数 30

D

大 T 表 106
单式记账法（流水记账法）94
地方教育费附加 77
短期借款 101

F

发展能力 56（标题）
方法的优劣 98、265
[方法的] 兼容性 98
[方法的] 完备性 98
[方法的] 易用性 98
费用（广义费用/支出）68
费用（狭义费用）68、70
分类记账法（复式记账法/复式簿记）94、115
分类账簿 100、114
分类账簿表（左右账簿分类表 - 企业

会计、预算会计）251、252
分类账簿的名称及用途 100
分类账簿分级设置 116
分摊固定资产折旧（特殊范例）
负债 100
负债类 100
复式记账法（复式簿记、分类记账法） 94、115

G
公允价值变动损益 68
勾稽关系 5
购买商品 124
股本（实收资本）101
股东权益（所有者权益）6、100
股东权益报酬率
股东权益类 100、101
股东投资（范例一）124、133
股东投资回报率（净资产收益率）
 ROE 52
固定成本 68
固定资产 101、124、141
固定资产减值准备 181
固定资产清理 181
固定资产折旧 179
管理费用 70、102
广义费用（支出）68

H
含税销售价（价税合计）73
货币资金（库存现金＋银行存款）101

J
基本会计等式 104
基础分析法 80（标题）
记账步骤 131
记账方法 100（标题）
记账工具 112（标题）
记账规律 110
记账环节 123（标题）
记账方法的比较 98、127
记账范例 133
记账凭证 112
记账凭证三大功能 113
记账的全过程 123
计提所得税（范例八）165
计提固定资产折旧（特殊范例）179
价税合计（含税销售价）73
价外税 72
缴纳所得税（范例八）124、165
教育费附加 76
结算利润（范例九）169
结转成本（范例七）124、160
结转利润（范例九）124、169
结转本年利润 124、169
结转所得税（所得税费用转出） 170
借款（范例二）124
进项税额 72、74、75、145、146、147
经营会计等式 104
净利润（所得税后利润）78
净利润增长率 60
净资产收益率 52、269
兼容借贷 98

K

可变成本（变动成本）68
库存现金（现金）101
库存商品（存货）101
会计报表 120
会计分录 124
会计等式 104（标题）
会计方程式 104（脚注）
会计恒等式 104（脚注）
会计记账三环节 123
会计平衡等式 104

L

累计折旧 179
利润（标题）78
利润表（损益表）9、121、186
利润总额（所得税前利润）78
流动负债 16
流动资产 16
流水记账法（单式记账法）94
流转税 72

M

明细分类账（二级科目）116
目标倒推法 82

P

皮费 68
平衡对称 98、266
平衡不对称 98、266
平行登记 141

Q

企业利润 80
企业体检表 3
企业所得税 77
权益乘数（资产权益倍数）12、269

R

日记账簿 114

S

三自然记账法 92、104
生产成本 86
生产费用 70、102
生产企业盈亏测算 86
十字真言 92
收入 66、100
收入类 102
速动比率 16
速动资产 16
损益表（利润表）9、121、184
所得税 77
所得税费用 102
所得税后利润（净利润）78
所得税前利润（利润总额）78
所有者权益（股东权益）6、100
税金 72
税金及附加（主营业务税金及附加）76

T

填制凭证（标题）125
填制凭证的方法(会计分录)124

填制凭证的步骤（环节）124
投资者资本（股本、实收资本）101

W
未分配利润（范例十）101、176

X
息税前利润率 48
狭义费用 70
现金（库存现金）101
现金流量表 11、122、188
现金流动负债比 20
现金流量表 10
现金付息倍数（现金流量利息保障倍数）24
消费税（略）
销售费用 70、102、124
销售净利率 269
销售商品（范例五）124
销售收入 81
销售收入额 73
销售企业利润测算 82
销项税额 72、73、75、151、152
小规模纳税人（略）
小T表 108
选择金额栏目（标题）124、125
选择账簿名称（表格）124

Y
一般纳税人 73
一般纳税人应纳税额 73

易用会计等式 104
银行存款 101
应付职工薪酬 101
应付账款 101
应付账款周转天数 38
应交税费 101
应纳税额 72、73、75、76
应缴纳所得税费用 165
应收票据 101
应收账款 101
应收账款周转天数 34
盈亏平衡点（Break Even Point, 简称BEP）82
盈亏临界点 80、81
盈利能力（标题）48
营业成本（主营业务成本）102、160
营业利润 78、82、83
营业收入（主营业务收入）83
营业收入净利率 48
营业收入增长率 56
资产 100
资产类 100
营运能力 28
营运资金需求总量 44
营运资金周转次数 28、42
营运资金周转天数 42
右栏 108
右账簿（脚注）100、（左右账簿表）106
预计销售增长率 44
原材料 101

原始凭证 112

Z

支出（广义费用）68、100

支付费用（范例六）155

支出类 102、106

增值税 72

增值税额 73

增值税公式 73

增值税税率 73

增值税计算实例 74、75

增值税 - 进项税额 74、75

增值税 - 销项税额 74、75

增值税三公式 73

增值税专用发票 72

资产 6、100

资产备抵 100、179

资产类 101、106

资产负债表 6、120、

资产负债率 12、184

资产权益倍数(权益乘数)12、269

自然对应 108

自然对应法则 90、93

现金流量表 10、122、188

主营业务成本 160、169

主营业务收入 169

转出账簿 169

转登报表（编制会计报表）184

转登账簿 128

转入未分配利润（范例十）176

转入账簿 169

总分类账 116、117

总账账簿（总账科目）116、117

总资产周转率 269

左右记账法 92、104

左右记账法（英）242

左右记账法（德）245

左右记账法（日）248

左右记账法的依据 110

左右记账法的要点 110

左右栏目 92、104、108

左右账簿 92、104、106

左右账簿分类表（企业会计、预算会计）251、252

左栏 108

左账簿（脚注）100、（左右账簿表）106

左左右右 92、104

附 录

一、左右记账法

(一) 英文

Left/Right bookkeeping

Left/Right bookkeeping and Debit-Credit bookkeeping are the same in terms of principles, methods, and accounting tools.

The difference between the two is that it takes only one hour to learn the former, whereas tens of hours to learn the latter.

There are three natural elements of Left/Right bookkeeping:

Left account book/right account book, left column/right column, and natural correspondence.

1. **Left** account books / **Right** account books

All of the account books are divided into left account books and right account books naturally.

Left account book / Right account book is based on the accounting equation:

$$\text{Assets} + \text{Expenses} = \text{Liabilities} + \text{Equity} + \text{Revenues}$$

All of the account books on the left of the equation are classified as left account books naturally.

All of the account books on the right of the equation are classified as right account books naturally.

Left account book	Right account book
Assets	**Equity**
Cash	Subscribed Capital
Notes receivable	Capital surplus
Accounts receivable	Surplus reserve
Accounts prepaid	Annual profit
Other receivables	Retained earnings
Dividend receivable	
Inventories	**Liabilities**
Raw materials	Short-term loans
Finished goods	Notes payable
Merchandise inventory	Accounts payable
Long-term investment	Advances from customers
Fixed assets-cost	Accrued payroll
Fixed assets-net value	Welfare payable
Intangible assets	Profits payable
	Taxes payable
Expenses	Long-term loans payable
Cost of production	
Expense of production	**Revenues**
Cost of sales	Sales of products
Other expenses	Income from other operations
Selling expenses	Non-operating income
General and administrative expenses	Income on investment
Financial expenses	
Non-operating expenses	**Contra-assets accounts**
Income tax	Accumulated Depreciation
	Impairment of fixed assets
	Unsettled G/L on current assets
Dividend	Impairment of Inventories
Dividend	Impairment of Intangible assets

2. Left column/ Right column

The amount column of the account book or voucher is divided into left column and right column naturally (Debit/Credit are superfluous words).

The chart reserves Debit/Credit merely to help current accountants to understand them. They are not necessary for this chart or bookkeeping system.

Account book					
Date	No.	Explanation	Lt.(Dr.)	Rt.(Cr.)	Balance

3. Natural correspondence

For the left account books, increases will be recorded in the left column of the account books naturally.

For the right account books, increases will be recorded in the right column of the account books naturally.

Balances will always be recorded on the column corresponding to the increases. This applies to all accounts.

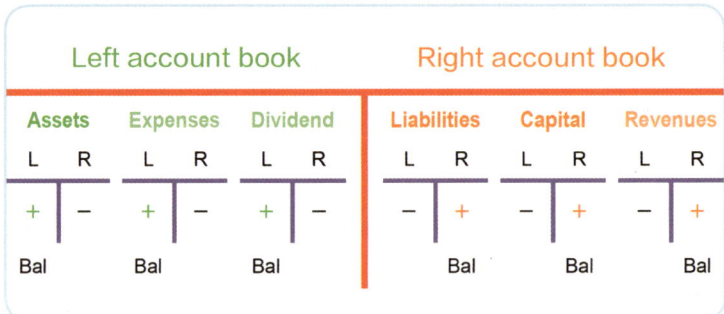

（二）德文

Links/Rechts Buchhaltung

Links/Rechts Buchhaltung und Debit-Kredit Buchhaltung sind identisch in Bezug auf ihre Grundsätze, Methoden und buchhaltungstechnischen Instrumente.

Der Unterschied zwischen den beiden besteht darin, dass man für das Erlernen der Ersteren nur eine Stunde benötigt, während für das Erlernen der Letzteren Dutzende Stunden erforderlich sind.

Links/Rechts Buchhaltung besteht aus drei natürlichen Elementen:

Linkes/rechtes Konto, linke/rechte Spalte und natürliche Korrespondenz.

1. Linkes / rechtes Konto

Alle Rechnungsbücher bzw. Konten sind in die linken und rechten Konten zu unterteilen.

Das linke/rechte Konto basiert auf der Buchhaltungsgleichung:

Vermögen + Aufwendungen = Schulden + Eigenkapital + Erträge

Alle Konten, die sich auf der linken Seite der Gleichung befinden, werden dementsprechend als linke Konten klassifiziert.

Alle Konten, die sich auf der rechten Seite der Gleichung befinden, werden dementsprechend als rechte Konten klassifiziert.

Linke Konten	Rechte Konten
Vermögen	Eigenkapital
Zahlungsmittel	Gezeichnetes Kapital
Wechselforderungen	Kapitalrücklagen
Forderungen (aus Lieferungen und Leistungen)	Rücklagen/Gewinnrücklagen
Aktive Rechnungsabgrenzungsposten	Jahresüberschuss
Sonstige Forderungen	Gewinnrücklagen
Dividendenforderungen	Schulden
Vorräte	Kurzfristige Darlehen
Roh-, Hilfs- und Betriebsstoffe	Wechselverbindlichkeiten
Fertigerzeugnisse	Verbindlichkeiten (aus Lieferungen und Leistungen)
Waren	Erhaltene Anzahlungen auf Bestellungen
Langfristige Investitionen	Rückstellungen für Löhne und Gehälter
Anlagevermögen (Anschaffungskosten)	Verbindlichkeiten aus Sozialversicherungen
Anlagevermögen (Buchwert)	Sonstige Verbindlichkeiten
Immaterielle Vermögensgegenstände	Verbindlichkeiten aus Steuern
Aufwendungen	Langfristiges Darlehen
Wareneinsatz	Erträge
Produktionsaufwand	Umsatzerlöse
Umsatzkosten	Sonstige betriebliche Erträge
Sonstig Aufwendungen	Nicht operative Erträge
Vertriebskosten	Erträge aus Investitionen
Allgemeine Verwaltungskosten	Kontra-Assets Konten
Finanzaufwendungen	Kumulierte Abschreibungen
Nicht operative Aufwendungen	Wertminderung Anlagevermögen
Ertragssteuern	Wertminderung Umlaufvermögen
Dividenden	Wertminderung Vorräte
	Wertminderung immaterielle Vermögensgegenstände

2. Linke / rechte Spalte

Die Betragsspalte eines Kontos ist in die linke und rechte Spalte zu unterteilen (Soll/Haben sind in diesem Fall überflüssige Wörter).

Die Tabelle enthält Soll/Haben nur, um Buchhaltern/Buchhalterinnen das Verständnis zu erleichtern. Sie sind weder für die Tabelle noch für das Buchungssystem notwendig.

Konto

Datum	Nr.	Anmerkungen	Links (Soll)	Rechts (Haben)	Saldo

3. Natürliche Korrespondenz

Bei linken Konten werden Erhöhungen dementsprechend in der linken Spalte des Kontos verbucht.

Bei rechten Konten werden Erhöhungen dementsprechend in der rechten Spalte des Kontos verbucht.

Der Saldo wird immer in der Spalte aufgezeichnet, die den Erhöhungen entspricht. Dies gilt für alle Konten.

大 T 表 + 小 T 表

Linkes Konto				Rechtes Konto					
Vermögen		Aufwendungen		Schulden		Eigenkapital		Erträge	
Links	Rechts	Links	Rechts	Links	Rechts	Links	Rechts	Links	Rechts
+	−	+	−	−	+	−	+	−	+
Saldo		Saldo			Saldo		Saldo		Saldo

（三）日文

左右記帳方法

―ビッグデータ時代の会計の基礎

左右記帳方法とデビットクレジット簿記方法は、原則、方法、会計ツールに関して全く同じであるが、異なることは一つだけある。前者に関して1時間もあれば習得できるが、後者に関して習得するには数十時間も必要だろう。

左右記帳方法の三要素：左右帳簿、左右の欄、自然な対応。

1. 左右帳簿

すべての帳簿が必然的に左帳簿と右帳簿に分類される。

左右分類の根拠は会計の等式である：

$$資産＋費用＋配当＝負債＋資本＋収入$$

この等式から、等式の左側の帳簿が必ず左帳簿で、等式の右側の帳簿は必ず右帳簿となる。

大 T 図

Left account book	Right account book
Assets	**Equity**
Cash	Subscribed Capital
Notes receivable	Capital surplus
Accounts receivable	Surplus reserve
Accounts prepaid	Annual profit
Other receivables	Retained earnings
Dividend receivable	
Inventories	**Liabilities**
Raw materials	Short-term loans
Finished goods	Notes payable
Merchandise inventory	Accounts payable
Long-term investment	Advances from customers
Fixed assets-cost	Accrued payroll
Fixed assets-net value	Welfare payable
Intangible assets	Profits payable
	Taxes payable
Expenses	Long-term loans payable
Cost of production	
Expense of production	**Revenues**
Cost of sales	Sales of products
Other expenses	Income from other operations
Selling expenses	Non-operating income
General and administrative expenses	Income on investment
Financial expenses	
Non-operating expenses	**Contra-assets accounts**
Income tax	Accumulated Depreciation
	Impairment of fixed assets
	Unsettled G/L on current assets
Dividend	Impairment of Inventories
Dividend	Impairment of Intangible assets

2. 左右の欄

　帳簿またはバウチャーの金額欄は左の列或いは右の列のいずれかである（借方と貸方というのがナンセンスである）。

　小T図

Account book					
Date	No.	Explanation	Lt.(Dr.)	Rt.(Cr.)	Balance

　(本図は取り合えず「貸」「借」符号(Cr. Dr.)を保留する。旧会計を熟知している人も使えるし、それが無意味のことも示せる)

3. 自然な対応

　左帳簿，増加額を帳簿の左欄に記入する。

　右帳簿，増加額を帳簿の右欄に記入する。

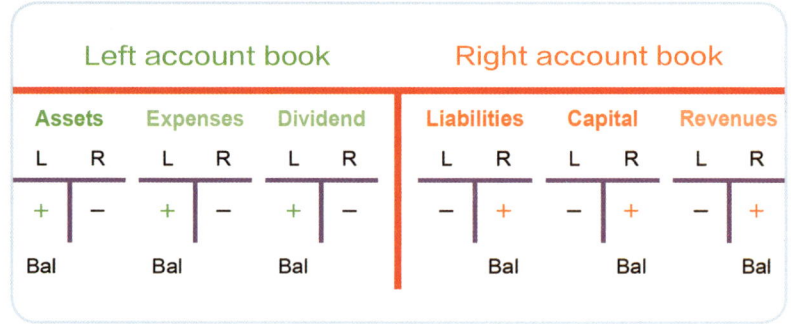

　いかなる帳簿の期末残高も帳簿の金額増加欄にある数字と一致する。

二、左右账簿分类表

（一）企业会计

左账簿   **右账簿**

资产类	所有者权益类
库存现金	投资者资本（实收资本）
银行存款	资本公积
其他货币资金	盈余公积
应收票据	未分配利润
应收账款	
预付账款	**负债类**
其他应收款	短期借款
原材料	应付票据
库存商品	应付账款
固定资产	预收账款
无形资产	应付工资
费用类	应付福利费
生产成本	应交税金
制造费用	应付股利
主营业务税金及附加	其他应付款
销售费用	长期借款
管理费用	**收入类**
财务费用	主营业务收入
营业外支出	其他业务收入
所得税费用	营业外收入
资产减值损失	投资收益
	资产备抵类
资产备抵类之所以都是右账本，是因为资产备抵账本是从有关资产账本中，提取一部分备用资金的账本。这种提取是企业的另一种资金来源的增加，类似收入是资金来源的增加，因此所有资产备抵账本都是右账本。	累计折旧
	坏账准备
	存货跌价准备
	固定资产减速值准备
	其余资产备抵

本账簿分类表中有原会计准则术语，保留以便了解术语变化。

251

（二）预算会计

左账簿	右账簿
资产类	**负债类**
国库存款	应付短期政府债券
有价证券	应付国库集中支付结余
预拨经费	与上级往来
借出款项	其他应付款
应收股利	应付长期政府债券
与下级往来	借入款项
其他应收款	应付地方政府债券转贷款
应收地方政府债券转贷款	其他负债
股权投资	**净资产**
待发国债	一般公共预算结转结余
支出类	政府性基金预算结转结余
一般公共预算本级支出	国有资本经营预算结转结余
政府性基金预算本级支出	财政专户管理资金结余
国有资本经营预算本级支出	专用基金结余
财政专户管理资金支出	预算周转金
专用基金支出	资产基金
补助支出	待偿债净资产（几种应付款）
上解支出	**收入类**
债务还本支出	一般公共预算本级收入
债务转贷支出	政府性基金预算本级收入
资产减值损失	国有资本经营预算本级收入
	财政专户管理资金收入
	专用基金收入
	补助收入
	上解收入
	债务收入
	债务转贷收入

本账簿分类表中有原会计准则术语，保留以便了解术语变化。

三、会计演进简史

会计记账方法的演进脉络
汪致正先生访谈录（二）
《财会世界》主编白庆辉 采编

《财会世界》：作为一位非会计界人士，您为何如此关注会计的记账方法，又是如何发现会计记账方法缺陷的？

汪致正：我之所以关注会计，起因是由于我自己做企业的时候，因为搞不清"借、贷"为何义而看不懂会计书而心存疑惑；后来则是因为多年来研究哲学，一直想找一个典型案例，检验一下自己运用哲学的普遍原理和通用方法来解决任意一个学科所存在问题的实际效果。

一个偶然的机会，我在写《整理学》的过程中，无意间发现了500多年来，会计的记账方法竟然一直存在缺陷，同时也发现了解决问题的方法。为了检验阶段性的研究成果，我开始对世界会计史和中国会计史做比较深入的研究。

《财会世界》：我知道您为了研究会计记账问题，曾检索过2,000多篇国内外文献，还买了不少会计方面的书，对会计记账方法的演进脉络十分熟悉，您能谈一下会计记账方法是如何演进的吗？

汪致正：从源头来说，会计的记账方法首先采用的是单式记账，从单式记账向复式记账的发展是记账方法演进的一大步。所谓"单式记账法"，简单来说，就是在一个账簿上，依次将每一笔交易按时间顺序登记的方法；"复式记账法"则是同时将一笔交易在两个以上的账簿上分类登记的方法。

教科书上所说的单式记账类似于今天所说的流水账。单式记账容易学，容易记，容易看，也容易查。这种记账法不用太多专业技术。

早期单式记账的简化格式大体见图1：

时间	交易内容	交易金额

图1　单式记账法的格式

单式记账使用一个账簿记账，看似简单、方便，但是随着业务量的增加，就出现问题了。当人们需要了解这一个账簿中每一类业务的累计数时，就要从这个单式账簿中将同一类交易的账目全部挑出来分类累计。例如，挑选出所有"借款、还款"交易的账目，全部登记在新设的"借款"账簿上；挑选出所有"销售收入"交易的账目，全部登记到新设的"收入"账簿上……这种用单式记账方法，登记流水账簿，需要知道各类交易额的累计数时，就要事后再次分类（见图2）。

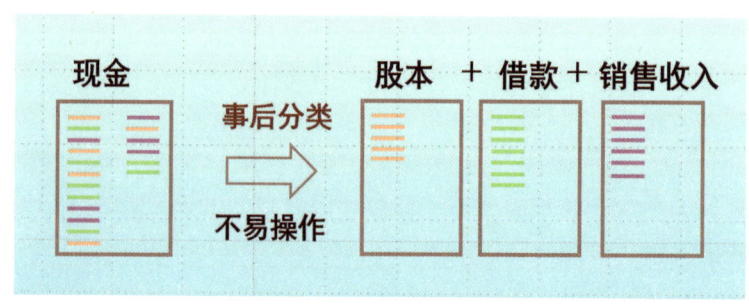

图2　记账事后分类的基本思路

先使用单式记账，事后再分类既麻烦，同时也无法及时了解各类账目的累计数。于是便将先行记账，事后分类的单式记账（流水记账），改进为记账当时就复式记账（分类记账）。复式记账（分类记账）登记资金的增减时，当时就分类登入资金的来源与去向。

复式记账法其实就是在记账当时就立即分类的方法（见图3）。

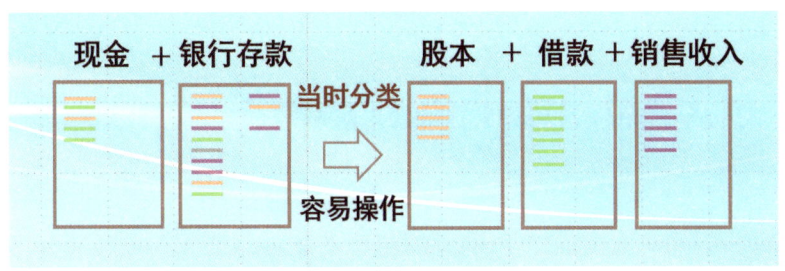

图3 记账当时就分类的基本思路

《财会世界》：您认为，从单式记账法发展到复式记账法，有什么标志吗？

汪致正：复式记账方法的出现，需要结合当时社会发展的时代背景，探明符合历史事实的依据和道理。关于这个问题，会计史学家文硕先生说："衡量复式簿记起源的标志，既不是非具备人名账户、物名账户、损益账户不可，也不是经济发展一定要达到出现资本经济萌芽的程度，而应从记账方法本身的特征上去寻找，也就是说，反映复式簿记萌芽的最重要、最根本的标志性，乃是双重登记，即一笔经济业务同时在两个或两个以上的有关账簿上反映。"

《财会世界》：成熟的复式记账法是何时出现的？成熟的复式记账法的出现需要一定的条件吗？

汪致正：从萌芽到比较完备大致经历了300年，出现比较成熟的复式记账法则是到了1494年，意大利数学家卢卡·帕乔利总结前人的会计实践案例，出版了《簿记论》。

当时意大利已经具备了出现复式记账法的综合条件：（1）经济活动日益发展，需要与之相适应的记账方法；（2）数字已经从使用罗马数字演化为使用阿拉伯数字1、2、3、4、5、6、7、8、9、0；（3）西方书写方式原本就是自左向右横式书写；（4）14世纪末，由于信仰伊斯兰教的奥斯曼帝国的入侵，东罗马（拜占廷）的许多学者，带着大批的古希腊和罗马的艺术珍品和文学、历史、哲学等书籍，纷纷逃往西欧避难，其中有一些数学或记账书籍；（5）中世纪出现了使用罗马数字的简单复式记账法如佛罗伦萨、热那亚、威尼斯等记账法，可供文艺复兴时期总结借鉴；(6) 751 年唐朝与阿拉伯帝国战争之后，中国印刷术传到阿拉伯，后又经阿拉伯传到欧洲，1450 年德国古登堡借鉴了中国印刷术，初步完成了欧洲印刷技术，为传播思想成果提供了出版书籍的物质条件；(7) 西方的逻辑思维方式、运算的科学态度。

《财会世界》：从记账方法演进的角度看，哪些国家对会计记账方法的发展作出了突出贡献？

汪致正：日本学者从会计史的角度提出了"会计世界一周论"，认为不同国家对会计发展作出了不同的贡献：14 至 15 世纪为意大利；17 世纪为荷兰；19 世纪为英国；20 世纪为美国和德国……

文硕先生发展了这些分期法，提出了"会计重点转移论"。他认为："一部世界会计发展史表明，会计发展落后的国家并不一定永远落后。会计发展先进的国家并不一定永远先进。在文明古国时代，共度会计发展'黄金时代'的是中国、埃及、巴比伦、印度、希腊和罗马；到了文艺复兴时期，意大利人取而代之，成为会计发展的导师和领路人；进入 17 世纪以后，随着世界商业中心移至荷兰，荷兰王国成为世界会计发展的旗手；借助工业革命的东风，19 世纪的英国，跃到了会计发展的最前列；进入 20 世纪以后，人类又形成了以美国为会计发展中心的格局。"

《财会世界》：在引进西方成熟的记账方法前，中国历史上似乎没有出现复式记账方法，原因是什么呢？

汪致正：在中国明清时期也曾出现过一定程度的复式记账原理和方法，但中国的复式记账没有达到西方会计那样系统、完备的程度，实际应用也不普遍。

我以前说过，一门应用性学科的完善，需要具备几方面的条件：一是原理；二是方法；三是工具。中国的复式簿记虽然有原理，而却没有可以配套操作的方法和工具，"中式数字"是登记数字，而不是可以直接通过位数加减的阿拉伯数字；"中式账簿"是竖式的，不便于横向书写和左右对比。因此，从单式簿记向"三脚账"过渡,再从"三脚账"发展到"龙门账",最后由"龙门账"进化为"四脚账",或者再加上清代内务府等机构使用过的"入出记账法",由于"中式数字"系统和"竖式账簿"格式的限制,其实都没能实现西方复式簿记所具有的完善自检功能,这种功能是通过西式的横式复式记账法的会计等式左右的账簿之间的勾稽关系实现的。从某些方面看,竖式账簿和中式数字是限制中国复式记账法逐步完善的重要因素(参见图4、图5、图7)。

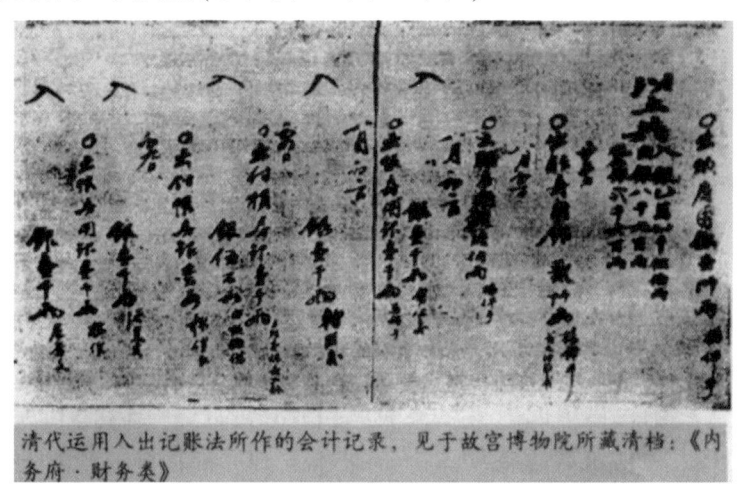

清代运用入出记账法所作的会计记录,见于故宫博物院所藏清档:《内务府·财务类》

图4 中式数字和竖式账簿图

《财会世界》:成熟的复式记账法最早是由谁引入中国的?

汪致正:蔡锡勇先生是将现代国际通用的复式记账法引入中国的第一人。1905年,作为张之洞派充广东洋务局总办和湖北铁政局总办的蔡锡勇先生的《連環帳譜》[①]由湖北官书局出版(图5)。《連環帳譜》是中国第一本会计专著,从根本上改变了中国几千年来会计无专著、无专文问世的历史。

蔡锡勇早年在国外任职期间,发现西方的行政、金融、工商业普遍采用复式记账方法,其严密、科学、实用性远胜于我国的四柱账法。于是他在创造中文速记术之后,又钻研西方复式会计制度,可惜《連環帳譜》完稿未及出版,蔡锡勇便积劳成疾,英年早逝。

---

① 为便于读者理解,此处使用繁体书名表示。

蔡锡勇指出："连环账法创自意大利国，欧美两洲经商者无不效之，其妙处在一该收，一存付，凡货物出入，经我手者，必有来去处。我收该即彼付存，彼收该即我存付，无彼我之可指者……"

《連環帳譜》中的记账符号是"存、该"，这是中国簿记使用的"进、缴、存、该"的用语。

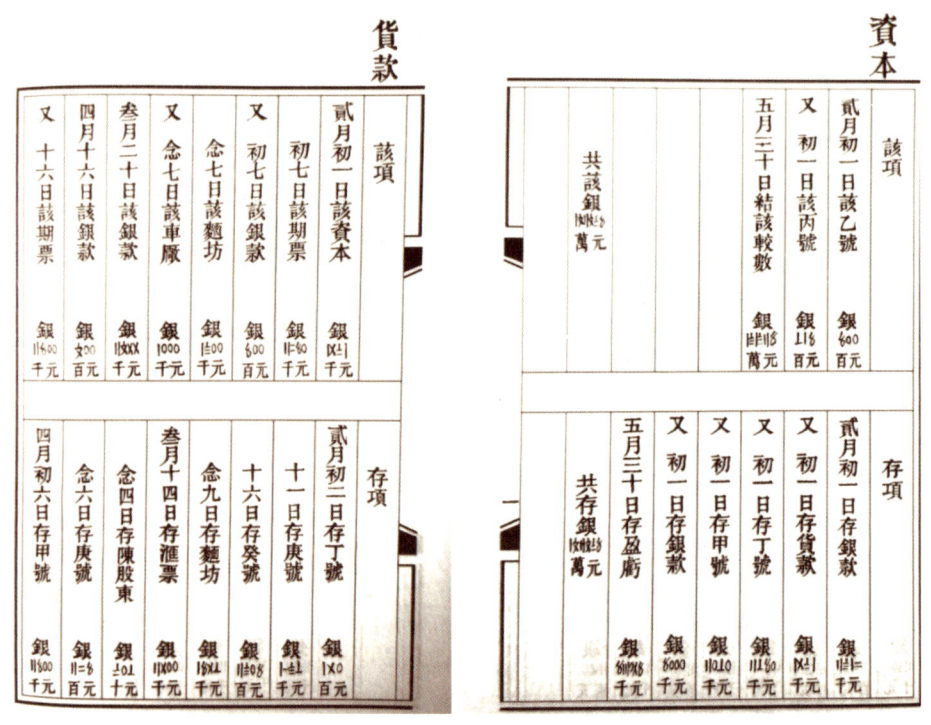

图5 《連環帳譜》账页

《财会世界》：目前一统天下的"借贷记账法"也是西方的舶来品，它是何时进入中国的？

汪致正：1907年，在日本明治大学商科学习的留学生谢霖与孟非合著《银行簿记学》（见图6）是第二部试图通过引进西方簿记引导复式记账进行改革的著作，也是第一次出版有关借贷记账的《簿记学》。这部书以银行簿记为改革目标。

谢霖创下了五个第一：中国第一次有了"会计师制度"；有了第一位中国注册会计师；出现了第一家会计师事务所；第一次出版有关借贷记账的著作《簿记学》，将"借贷记账法"介绍到中国，为中国培养了第一批新式会计人才；第五个第一是他在任四川劝业道商务科长时，举办商务传习所自任所长，讲授复式会计。

推收传票						
借方			西历1906年4月2日			贷方
科目	摘要	金额	科目	摘要	金额	
贷付金	谢祖元	100 00	无定期存款	谢祖元	100 00	

现金支出　　　　现金收入
合　计　100 00　合　计　100 00

商　业　银　行

银行簿记学

《财会世界》：在中国推广"借贷记账法"，贡献最大的是哪一位？

汪致正：在中国推行"借贷记账法"贡献最大的当属潘序伦先生。

他的贡献在于创立了"三位一体"立信事业，即立信会计师事务所、立信会计学校、立信会计图书用品社，成为互相呼应的立信会计体系。潘序伦先生桃李满天下，立信系的学生有十几万之多。

从1933年，立信开始编辑出版《立信会计丛书》，到1955年年初创立立信会计图书用品社时为止，共出版各种会计书不下一百五六十种，其中由潘序伦先生著作、翻译和主编的有三四十种。

改革开放后，潘序伦先生亲自奔走，1980年获准复办立信会计学校。1981年，全国第一家会计师事务所"上海会计师事务所"请潘序伦先生担任名誉董事长，但他还想把立信会计师事务所恢复起来，先于1984年成立了立信会计咨询服务公司，在他去世后一年，立信会计师事务所获准复办。之前1981年，一批立信老同事已组织了《新编立信会计丛书》，"三位一体"的立信结构便次第恢复了。

《财会世界》：中国传统的会计记账方法应用日久，对于引进和应用西方先进的记账方法替代旧有的记账方法，民间能接受吗？

汪致正：中国对于引进西方的记账方法，一些人不支持全盘引入，而是借鉴西方先进理念对传统记账方法进行改良。1927年秋，徐永祚先生开始应中国经济学社之请作公开演讲，题为《改良中国会计问题》。各大学闻之，也纷纷邀请演讲，他又分别赴暨南大学及上海商科大学等处演讲，这引起了国内外会计学者们的注意。

改良中国簿记运动获得实质性成果的标志，应该是1933年，徐永祚在《会计杂志》创刊号发表《改良中国会计问题》。同年12月24日，徐永祚应上海市商会之请，一方面发表了《改良中式簿记》的演讲，一方面举办改良中式账簿表单展览，陈列账簿表单共三四十种。此后，徐永祚先生又用无线电播音的方式，向全上海市宣传推广改良中式簿记的问题，各界社会名流纷纷题词并发表评论。上海《申报》特发行专号介绍改良中式簿记，各家日报亦陆续转载改良中式簿记的新闻。当年徐永祚先生人气之旺，风头之劲，不亚于当今的大明星。

新中国成立后，徐永祚应邀赴北京参加开国大典（作为自由职业界代表），后担任华东军政委员会监察委员，并当选上海市第一、二届人民代表大会代表。

新中国成立前后，流行中式簿记，徐永祚编著《改良中式簿记》一书（见图7），出版后颇受工商企业欢迎并纷纷采用，其所创收付记账法，沿用至20世纪90年代。

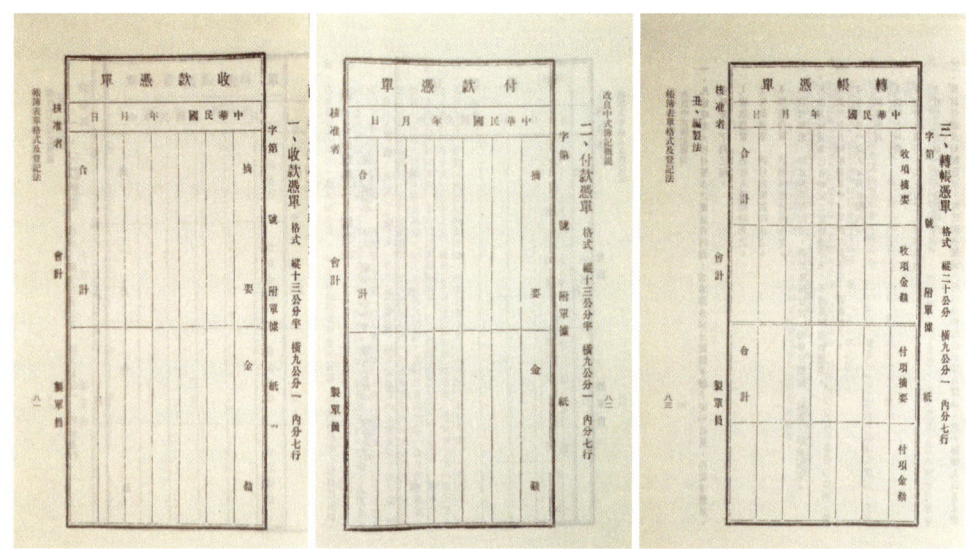

《财会世界》：所谓改良中式簿记，难道是根据"中国国情"创建适合中国的记账方法？包括您刚才提及的徐永祚先生创立的收付记账法。

汪致正：确实，当年很多人认为借贷记账法不适合中国国情，因而徐永祚提出了改良中式簿记。20世纪50年代初，作为经济学家和新中国的粮食部长，章乃器先生又积极倡议制定了一套"民族的、科学的、大众的"新财会收支簿记法，取代不适合中国国情的复式簿记。

时任中央财政部会计制度司司长的安绍芸，在1951年1月《新会计》创刊号的《关于记账方法的说明》一文中说："中国现在通用的记账方法有二：一为借贷记账法，应用复式簿记原理；一为收付记账法，就是章乃器先生和徐永祚会计师等所提倡的记账方法……。一个是新的，外国的；一个是旧的，中国固有的。究竟哪一个好，哪一个不好，见仁见智，直到现在仍得不到解决……。孰优孰劣，还需要更深入地研究。"

《财会世界》：新中国成立后出现了收付记账法和借贷记账法两种记账方法并存的局面？

汪致正：新中国成立初期有借贷记账法、收付记账法，后来还有增减记账法，实际上是三种记账方法长期并存的局面。

1949年新中国成立后，一般国营企业和地方公营企业使用借贷记账法。在银行系统、供销社系统、事业单位和不少工商企业均采用收付记账法；两个预算会计制度也规定用收付记账法。

到了1964年，当时在《鞍钢宪法》的背景下，因"借/贷"不知所云，改革呼声再起。主管财贸工作的时任国务院副总理李先念要求认真研究，在时任商务部部长姚依林领导下，商务部对各种记账方法进行比较研究，商务部的张以宽等会计专家设计了"增减记账法"，以"增、减"作为记账符号，初期主要应用于商业系统。增减记账法加入后，三种记账方法开始鼎足而立。

"增减记账法"紧密地结合了商业系统的实际，从原理、方法和记账工具全面改革，使增减记账法成为影响最大的一种新记账方法。由于增减的思想通俗易懂，工业、交通等各业也同时推行开来，如大庆油田也采用了。

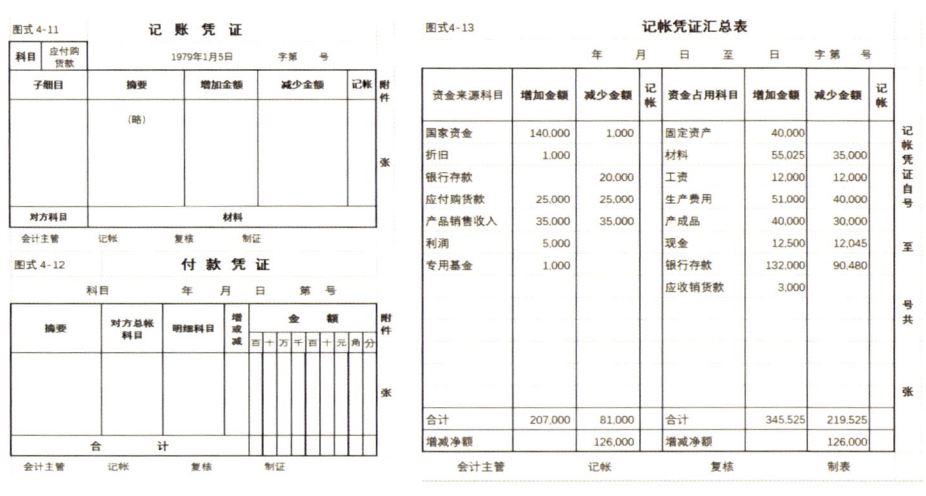

图8 《增减记账法》的记账凭证和记账凭证汇总表

《财会世界》：想不到增减记账法竟然一度是影响最大的记账方法，增减记账法算是中国原创的吗？

汪致正：是的，1947 年，梁润身最早提出增减记账法，但当时增减记账法并未能得到推广运用。梁润身在《公信会计月刊》明确提出"增减记账法"，他将"借贷记账法"与"增减记账法"分录账簿进行了对比。图 9 中，表一是将 8 笔业务用借贷记账法分录的例示（(1)-(8)序号相当于 8 张记账凭证）；表二是将这 8 笔业务用增减单式会计分录的例示；表三是将这 8 笔业务用增减复式会计分录的例示，表三的设计是为了使"增减复式分录例"与"表一 借贷记账法分录例"的数字一致。

表三中，梁氏之所以提出"正方、负方"，基本是借用了西方会计学中的 positive、negative，事实上，这是某些西方会计学者无法讲清楚借、贷符号的概念和为什么有些交易额记在借方，而有些记入贷方的道理，将复式记账法搞复杂的另一创造。

表一　借贷记账法分录例

会计科目及摘要		借方金额	贷方金额
现金	(1)	3,000.00	
资本主甲	(1)		3,000.00
现金	(2)	1,000.00	
房租收益	(2)		1,000.00
文具	(3)	500.00	
现金	(3)		500.00
进货	(4)	5,000.00	
现金	(4)		3,000.00
应付帐款(甲公司)	(4)		2,000.00
现金	(5)	4,000.00	
应收票据	(5)	1,000.00	
应收帐款	(5)	1,000.00	
销货	(5)		6,000.00
应付帐款(甲公司)	(6)	1,000.00	
应收票据(乙公司)	(6)		1,000.00
房租收益	(7)	200.00	
现金	(7)		200.00
资本主丙	(8)	1,500.00	
资本主丁	(8)		1,500.00
小计		18,200.00	18,200.00

表二　增减分录法分录例

会计科目及摘要		增加金额	减少金额
现金	(1)	3,000.00	
资本主甲	(1)	3,000.00	
现金	(2)	1,000.00	
房租收益	(2)	1,000.00	
文具	(3)	500.00	
现金	(3)		500.00
进货	(4)	5,000.00	
现金	(4)		3,000.00
应付帐款(甲公司)	(4)	2,000.00	
现金	(5)	4,000.00	
应收票据	(5)	1,000.00	
应收帐款	(5)	1,000.00	
销货	(5)	6,000.00	
应付帐款(甲公司)	(6)		1,000.00
应收票据(乙公司)	(6)		1,000.00
房租收益	(7)		200.00
现金	(7)		200.00
资本主丙	(8)	1,500.00	
资本主丁	(8)	1,500.00	
小计		29,000.00	7,400.00

表三　建议改进后的分录簿

会计科目及摘要		正方帐户增加金额	负方帐户减少金额	负方帐户增加金额	正方帐户减少金额
现金	(1)	3,000.00			
资本主甲	(1)			3,000.00	
现金	(2)	1,000.00			
房租收益	(2)			1,000.00	
文具	(3)	500.00			
现金	(3)				500.00
进货	(4)	5,000.00			
现金	(4)				3,000.00
应付帐款(甲公司)	(4)			2,000.00	
现金	(5)	4,000.00			
应收票据	(5)	1,000.00			
应收帐款	(5)			6,000.00	
销货	(5)				
应付帐款(甲公司)	(6)		1,000.00		
应收票据(乙公司)	(6)				1,000.00
房租收益	(7)		200.00		200.00
现金	(7)				
资本主丙	(8)		1,500.00		
资本主丁	(8)			1,500.00	
小计		15,500.00	2,700.00	13,500.00	4,700.00
合计		18,200.00		18,200.00	

图 9　借贷记账法和增减记账法分录对比图

《财会世界》：在借贷记账法一统天下的过程中，是否产生过争论？借贷记账法是如何最终胜出的？

汪致正：20世纪50年代，时任财政部会计司长的安绍芸为统一当时使用的"借贷记账法"和"收付记账法"做了大量解释、说明和协调工作，但最终仍未能够统一记账方法，在全国会计领域仍然是几种记账方法并存。几种记账方法不能统一，主要原因是由于"借贷记账法"的符号难学难懂，有些业务的增加额记入账簿的贷方，有些则记入借方，这让人感到困惑；而"收付记账法"和1964年推出的"增减记账法"正好没有这方面的缺陷。另外还有一个重要原因出现在"文革"前后，人们往往把记账方法与意识形态联系起来。借贷记账法被定性为"资本主义记账方法"，与此同时也将增减记账法定性为"社会主义记账方法"。其理由是：前者是从外国引进的，是资本主义的产物，如借贷的晦涩难懂就是"为资本家弄虚作假服务的"等；而后者则是中国人自己创造的，是为社会主义服务的。

在1978年的《中国经济问题》第4期上，葛家澍教授发表了《必须替借贷记账法恢复名誉》一文，回答了当时记账方法争论中的几个主要问题。该文认为："记账方法是记录经济业务的技术方式，它本身没有阶级性。给任何记账方法戴上'资本主义'或'社会主义'的帽子都是不恰当的。强加在借贷记账法身上的罪名，如果实事求是地加以分析，除难学难懂这一点外，都不能成立。"葛家澍先生的这篇文章为借贷记账法一统天下奠定了理论基础。

经过一段时间的讨论，会计界逐步倾向于记账方法无阶级性的观点，借贷记账法完全可应用于我国。为此，许多在"文革"期间废除借贷记账法而改用增减记账法的工业、交通企业及其他企业逐步改回借贷记账法。但直至20世纪80年代末，借贷记账法仍未能一统天下。

《财会世界》：学术界的呼吁毕竟只是民间推动，记账方法的统一最终需要国务院及主管部门下决心才成，这其中有什么周折吗？

汪致正：借贷记账法一统天下，大致发生在20世纪90年代初，时任财政部主持改革的会计司张汉兴副司长作出了重大贡献。他和会计司的同志们做了大量调研后，张汉兴主持了三种记账方法统一为借贷记账法的工作，这件事不光对推动中国会计与国际接轨意义重大，甚至对于推动中国改革开放的意义都很重大，因为如果不解决会计方法统一的问题，招商引资等经济改革活动就难以进行。时任国务院总理朱镕基在 1992 年 1~6 月多次专门谈到会计改革精辟讲话的精神，其中就谈到"许多外国人、香港人来谈的第一条，就是说我们的会计制度不行，会计报表他们看不懂，注册会计师制度不健全"。

张汉兴副司长顶着多方面的压力，在会计司各科室同事的大力支持和帮助下，完成了在中国统一实行"借贷记账法"的工作，为中国经济的改革开放打破了瓶颈，发挥了至关重要的作用。会计记账方法的统一实在不易，因为这里涉及多系统、多部门、多领域、多方面的利益，经历的波折和故事很多，张汉兴在《会计风暴》一书中，对这个阶段的会计改革有详细介绍，很值得一读。

1992 年 11 月 30 日，财政部颁布《企业会计准则》，自 1993 年 7 月 1 日起执行。在总则中第 8 条明确规定："会计记账采用借贷记账法。"至此，三种记账方法并存的历史才宣告终结，统一为借贷记账法。

《财会世界》：看来借贷记账法的一统天下与国际接轨的因素很大，从记账方法本身的优缺点来说，与收付记账法、增减记账法相比，借贷记账法有什么优势？

汪致正：增减记账法、收付记账法、借贷记账法各有优点，也各有不足。前面说过，判断方法的优劣，取决于其认识和实践中的"完备性"和"易用性"（效率高、效果好、防错易），而不取决于其理论是否高深。在同样能解决问题的前提下，方法越简单越好，数学定理和物理定律的表述和应用方法都是如此。

因为收付记账法的原理、方法与增减记账法有类似之处，仅需了解增减记账法的缺陷便可知悉收付记账法的不足在哪里。

增减记账法（收付记账法）的优缺点：

优点是记账符号概念清晰，因此易学易懂。

缺点有三：一是不具备全球通用和登记工业企业业务所需的完备性；二是早期使用的增减记账法的单式记账凭证与借贷记账法相比数量多一倍（参见图 8 记

账凭证）；同时，**单式记账凭证**所做分录无法自检（参见图 9 表二累计数），也就是不能随时发现是否存在记账错误，只有等到月底汇总时才能发现（参见图 8 记账凭证汇总）；三是后期改进的增减记账法和收付记账法的**复式记账凭证**虽有所改进，但格式要比用借贷记账法的格式复杂（参见图 10 对比）。

对比图 10，可抽象出三种记账法的形式特点如下：

"借贷记账法"是"平衡、对称"式；

"收付记账法、增减记账法"是"平衡、非对称"式。

借贷记账 分录例				增减记账（收付记账） 复式分录例				
会计科目及摘要		借方金额	贷方金额	会计科目及摘要		资金来源（资金来源）		资金占用（资金运用）	
						增加金额（收方）	减少金额（付方）	增加金额（收方）	减少金额（付方）
银行存款	(1)	3,000.00		银行存款	(1)	3,000.00			
股东甲	(1)		3,000.00	股东甲	(1)	3,000.00			
现金	(2)	1,000.00		现金	(2)	1,000.00			
房租收益	(2)		1,000.00	房租收益	(2)	1,000.00			
文具	(3)	500.00		文具	(3)	500.00			
现金	(3)		500.00	现金	(3)	500.00			
进货	(4)	5,000.00		进货	(4)	5,000.00			
现金	(4)		3,000.00	现金	(4)	3,000.00			
应付账款（甲公司）	(4)		2,000.00	应付账款（甲公司）	(4)	2,000.00			
现金	(5)	4,000.00		现金	(5)	4,000.00			
应票据	(5)	1,000.00		应票据	(5)	1,000.00			
应收帐款	(5)	1,000.00		应收帐款	(5)	1,000.00			
销货收入	(5)		6,000.00	销货	(5)	6,000.00			
房租收益	(6)	200.00		房租收益	(6)	200.00			
现金	(6)		200.00	现金	(6)	200.00			
股东丙	(7)	1,500.00		股东丙	(7)	1,500.00			
股东丁	(7)		1,500.00	股东丁	(7)	1,500.00			
小计		17,200.00	17,200.00	小计		15,500.00	3,700.00	13,500.00	1,700.00
				差额		11,800.00		11,800.00	

图 10 借贷记账法、收付记账法和增减记账法对比图

借贷记账法的优缺点：

优点是符合"**完备性**"，一是借贷记账法的原理、方法和记账工具的格式国际通用；二是便于增加工业企业业务所需要的各类账簿，如"固定资产折旧"之类的资产备抵账簿等。

缺点是缺乏"**易用性**"，由于记账符号概念困惑，初学会计时难学难懂，

手工记账时难免出错，电脑编程时难以沟通。

《财会世界》：借贷记账法的一统天下并得到世界范围内的广泛认同，可见其科学性之强，当下西方的会计学者对借贷记账法仍有争论吗？

汪致正：当今西方会计学者多数认为借贷记账法是科学的记账法，会计界喜欢使用"科学性"一词来检验记账法的说法是令人怀疑的。1980年商务部财会局出版《增减记账法十五年》，书中三十余篇论文，没有一篇不是用事实论述"增减记账法的科学性"的。

我认为用"**完备性**和**易用性**"作为标准来检验记账法，可以很容易判断方法的优劣。

500多年来，借贷记账法的记账符号debit、credit的含义一直争议不断。直至1937年美国前会计学会会长利特尔顿在《会计理论结构中》说："尝试合理解释这种安排太复杂，不值得去做……。"但至今会计的Debit、Credit，世人一直搞不懂，会计界也一直说不清。

当下世界会计界多争论所谓高端问题，其实不少所谓高端问题是将简单问题复杂化了，如果实事求是地评论，会计基础就存在问题，解决了会计基础问题，所谓高端问题会减少或简化不少。但是会计界不少人并不愿意通过争论解决基础问题。不再争论说不清的记账符号含义，正好为国内外会计学界利用存在瑕疵的会计基础，根据各自需要引出会计系统复杂化提供了便利。

四、巴菲特指标

有人问巴菲特,如果只能选择一种指标去投资,会用什么?巴菲特当时毫不犹豫地说出了净资产收益率 ROE。而且,巴菲特还表示他所选择的企业 ROE 基本都在 20% 以上。

ROE: Rate of Return on Common Stockholders' Equity

中文名:股东投资回报率 / 净资产收益率

含义:股东投入 1 元钱,企业回报股东投资的比率。

根据杜邦公式:

股东投资回报率 / 净资产收益率(ROE)

= 净利润 / 平均股东权益合计 　　　　　　(1)式,简单式

= 销售利润率 × 资产周转率 × 资产权益倍数 　(2)式,分解式

(1)股民如仅需简单了解企业的投资回报率,可采用"股东投资回报率"的**简单式**,该公式的数据关系和计算公式如下:

表1　　　　　　　　　　资产负债表

资产	期末余额	年初余额	负债和股东权益	期末余额	年初余额
29 其他非流动资产			59 股东权益合计	25,328,166.00	22,956,160.00

表2　　　　　　　利润表

项目	本期金额	上期金额
75 四、净利润(亏损以"-"号填列)	2,272,006.00	1,980,006.00

股东投资回报率

= { 净利润 / [股东权益合计(期初 + 期末)/ 2] } × 100%

(**股东投资回报率** 为本书入口一的第 8 指标)

（2）如需对同业的指标进行单项指标对比分析，一般多采用"净资产收益率"的**分解式**，该公式的数据关系如下：

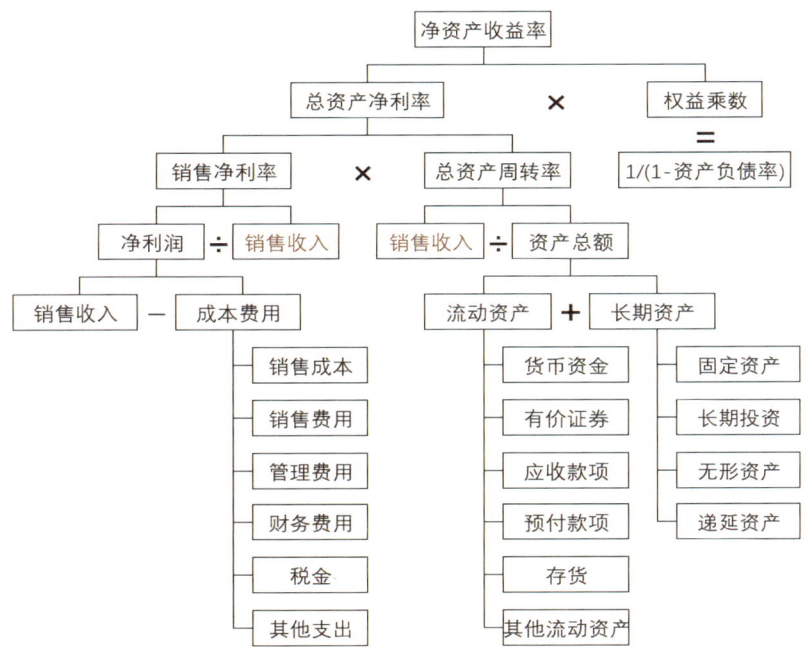

由上图可见，净资产收益率（ROE）是由"销售净利率、总资产周转率、资产权益倍数（权益乘数）"决定的。其中：

销售净利率 = 净利润 / **销售收入**（衡量企业的盈利能力，与指标 7 相关）
总资产周转率 = **销售收入** / 总资产（衡量企业的营运能力，与指标 5 相关）
资产权益倍数 = 资产总额 / 股东权益（衡量企业的偿债能力，与指标 1 相关）

一般财务指标分析可分为几大类：

偿债能力、营运能力、盈利能力、成长能力，ROE 则是一个衡量企业综合实力的综合指标。

假若条件不变，其中一项增长都有助于带动 ROE 上升。例如，杠杆比率上升可以代表债务相对股东权益有所增加。由于利息是免税的，而股息则不是，所以债务占资本结构的比例增加，将带动 ROE 上升。当然，若公司负债太高，债主要求较高风险溢价而使债务支出上升，则 ROE 不升反跌。所以，当公司的资产回报率（ROA）大于债务的利率，债务增加才对 ROE 有正面作用。在分析不同行业的 ROE 时，应留意个别比率的角色。例如，零售业等边际利润率通常很低的行业，杠杆比率也只为一般。可是，商店可以有非常高的营业额，资金周转就成为分析此类行业的重要指标。

短期来看，ROE 高并不代表就是好公司，众多 ST 公司的 ROE 可以一度达到 100% 甚至 1000% 以上，这是因为收入和费用本身是个虚的东西，很容易造假。

但是，企业若是想长期保持较高 ROE，就必须要不断地成长，每年都要保持相当高的净利增速。因此，长期维持高 ROE 的企业，其生意质地一定不会差。这也是巴菲特要选择 ROE 长期保持在 20% 以上企业的原因。

本书入口一《看报表——财务分析》介绍了与**偿债能力、营运能力、盈利能力、发展能力**相关的十个指标和评估这四种能力的计算方法。

后　　记

从 2008 年北京奥运会，到 2022 年北京冬奥会，历时十四年，期间，我比较了古今中外的大批会计书，最终完成了《至简会计》。这本书大体上包括会计基础、财务分析、盈亏测算三个学期课程的基础知识和通用方法，以及会计演变的简要历史。

在比较多国会计学的过程中，笔者发现了国内外会计界一直未能很好解决两个基础性问题：一是记账的方法；二是会计的本质。认清了这两个问题，并提出解决问题的方法和原理，将有益于使会计成为一门易学、易懂、易用、易审、可持续发展的实用性学科，改变学习会计时，读本科时学科学，读硕士时学艺术，读博士时学魔术的局面。

记账的方法是属于术的层面的问题。判断方法的优劣，取决于它在解决问题时的完备性和易用性（效率高、效果好、出错少），而不取决于它的理论是否高深，数学的原理和物理的定律的表述方法都是如此。一模一样记账，两小时可以掌握的"左右记账法"和一个学期才能学会的"借贷记账法"，优劣自辨。

会计的本质是属于道的层面的问题，会计的本质是"数据分类自检"。"数据分类自检"基于簿记的基本特质，它使得会计可区别于其他学科或行业。会计的全部内容，从会计专业基础课的记账工具、工具分类、会计等式、勾稽关系、记账方法、记账环节、记账步骤，到会计专业课的财务分析、测算盈亏、财税处理、财务审计等，直至会计准则，都是基于"数据分类自检"发展、演化而来的。目之所及，尚未见到其他学科的数据具有"分类自检"的基本特质。

如果不认识"会计的本质"到底是什么？会计学作为一个学科能存在多久就成了问题。迄今为止，国内外提出了完全不同的"会计的本质"主要有七种，即"意识形态观、通用商业语言观、历史记录观、经济现实观、信息系统观、管理活动论"，高谈阔论上述"会计的本质"，如果不能将会计与其他学科、行业区分开，那么很可能会被证伪。

进一步说，如果不能深刻认识根据"数据分类自检"所产生的复式记账法是"会计学"的基础，那么由于财务分析、测算盈亏、税务处理、内外审计等经济数据处理或分析的原理、方法、技术、工具以及其他相关内容，都是"数据分类未自检"的单式数据法，完全可以被其他学科，如经管、统计、金融或其他实用数据处理专业所收编或取代。

正视"会计的本质"刻不容缓。本书提出会计的本质是"数据分类自检"，希望能抛砖引玉，引出专文论述。

《至简会计》写作之前，曾得到众多专家、学者、朋友的支持和帮助，一并致谢如下：

2008年。会计世家的沈鹏先生听我介绍完"左右记账法"，惊叹我半小时便将他多年的自信给颠覆了，由此引发了笔者的一系列研究。此后，成都的中国注册会计师帅梅老师帮我审《记账的规律》初版书稿后，提出了"备抵项目"可直接分类归入"右账簿"。石家庄资深会计师党素芬老师根据会计实务经验，讲解了《预算会计》，使得《记账的规律》初版包含了企业会计＋预算会计的完整内容。

2008年始，美国科学家朋友出于提醒笔者注意不要自以为是而被证伪的好意，数十次地质疑，促成笔者购买了二十多本约1000页的大部头英文版会计基础教科书，还搜集了30个国家、16种语言的会计等式。根据爱因斯坦所说："如果不能简单解释，说明没有理解透彻"的评价标准，对比后看出美国会计基础书存在的基础问题并未搞清，而是将简单问题复杂化，进行精致包装、拼凑堆砌。

厦门大学会计学系汪一凡先生在中国财政经济出版社出版的《改良现代会计方案》中九处推荐介绍"左右记账法"，并在他的《管理会计》等多本专著中直接舍弃"借、贷"，使用"左、右"记账符号。

厦门大学会计学系原系主任，中国内部审计标准委员会主任王光远先生在2010年全国两会提案中指出："更重要的是，这是与现行国际标准差异最小的方案，只要将记账符号'debit/credit'更换为'left/right'，启用新思维，立即见效果。完美实现无缝过渡，是中国立即可以推向全世界的原创性成果。"

直击两会：与会计人有关的提案

两会提案议案是代表委员们心血的结晶，是积极参政议政的体现。让我们共同聆听来自行业内外的种种声音，他们的意见建议将是对行业发展的促进，这份对行业的热爱值得我们献上一份敬意。

王光远的"中国流复式簿记"提案

■本报记者 韩福恒

王光远 全国政协委员、福建省审计厅副厅长

只要"中国流复式簿记"能引起各方面的关注，就为下一步的改革迈出了坚实的一步。这也是此次提案的目的所在。

在众多的两会提案中，"中国流复式簿记"仍有着属于它的厚重。

"在全国推行'中国流复式簿记'，就是大力弘扬这一中国会计界的自主知识产权。"这是全国政协委员、福建省审计厅副厅长王光远今年的提案。

"'中国流复式簿记'是中国会计的原创成果，应该大力提倡。中国会计界要出去就必须要抢先做自己的看家本领，"3月18日，王光远在接受中国会计报记者采访时表示。

把中国的会计学研究成果推向世界

这份提案的形成，源于王光远碰到的一本书。

2009年冬季，他看到厦门大学会计系副教授汪一凡编写的《改良现代会计方案，科学化的探索》著作后，深受启发，当时就明定了要把"中国流复式簿记"写成据案提交两会的念头。

复式簿记是商业史上的重大发明，到现在已经有500多年历史了。

上个世纪60年代，以"增加/减少"作为记账符号的"增减金额推行"；1993年，《企业会计准则》规定"会计记账采用借贷记账法"，增减记账法一度间无疾而终。

2009年2月，独立研究学者汪一凡指出"借/贷"应当改为"左/右"。

同年10月，汪一凡提出"中国流复式簿记方案"。其外在特点是改用"左/右"为记账符号，可简称为左右记账法。

所谓"中国流复式簿记"，实质是将原有的增减思想作为复式簿记之魂，有助于轻松判断业务所涉及账户金额的增减，加上左右配合，运用加以口诀或左右定则，下意识地快速确定记录。

事实上，王光远和汪一凡早在上世纪90年代就认识。当时，他们同在厦门大学会计系任职。

除了全国政协委员，福建省审计厅副厅长身份外，王光远还身兼财政部内部控制标准委员会委员，中国内部审计协会副会长，中国内部审计准则专家组成员，厦门大学博士生导师等职务。作为我国著名的会计学学者，他觉得有责任把中国的会计学研究成果推向世界，为什么热。

王光远形象地向记者举例说明推广"中国流复式簿记"的重要性：就像审计市场虽然有"四大"，但我们仍然要培养有自己的百强会计师事务所一样。目前的会计准则也同样要欧美控制，趋同是大方向，但趋同不等于退要放弃已经拥有的东西。

中国有1300多万会计人员，应该拥有自己的原创成果。

以提案的形式引起全社会关注

实施"中国流复式簿记"，是否有难度？对于会计界有什么益处呢？

对此，王光远表示，其实这是一个很简单的过程。

目前，会计界中坚人士大多是学增减出身的，有深厚文化基础，推行起来毫无风险。配上"左/右"符号后，更是如虎添翼，实务工作中可做到既快捷又准确。

而与会计审批相关的监督部门、税务部门、国资委、公司管理层、投资者、债权人和证券分析师等人士，花短短几小时就可以知道会计是怎么回事，有助于大大加强行业外对会计的监督力度。

更重要的是，这是与现行国际标准差异最小的方案，只要将记账符号"debit/credit"更换为"left/right"，启用新思维、之副见效果，完美实现无缝过渡，是中国自主同时又可以推向全世界的原创性成果。

王光远在提案中建议，在2010年秋季学期开学，全国会计原理教学实现切换。按照"新人新办法，老人老办法"原则，实务工作改革可慢一步，有待主管部门统一规划和布置。

针对记账符号提出的能否顺利完成切换的疑问，王光远坦言：

"我们提案能否顺利落实不很乐观，因为一项重大改革可能需要几届委员接力发掘才能完成，但只要'中国流复式簿记'能引起各方面的关注，就为下一步的改革迈出了坚实的一步。这也是此次提案的目的所在。"

链接：中国会计记账法的百年拉锯战

★复式簿记在被信贷业采用时，记账符号"debit/credit"是"人欠/欠人"的含义。清朝业务由"人欠"和"人存"中继取利息"，后来扩展到工商各行业后，记账符号的意思不如原则，蜕变成"好用而不好解释"。

★1907年，另一位留日的学生谢霖和孟森首次以"借/贷"符号引入近代中国。"借/贷"实际上是同义的，"借债人"和"告债人"说的是欠和借。"借"和"欠"本来不相称。"借"借债"和"假代管"毛笔说明，对同词并存在借贷符号的问题，历史的阴差阳错，使中国会计界各种替代方案，展开无休止的"拉锯战"。

★上世纪60年代，在《鞍钢宪法》的背景下，响应"借/贷"不和时空、改革呼声，国务院制订要多几位委员会共同认真研究，化学工商大学教授、中国会计学会常务理事、党为专业人员设计了"增减记账符号"，在商业系统（包括农、牧业系统）、工业、交通等各业也同时推行开来，如大庆油田也采用。

★1966年"增减记账法"正式全面推广。

20世纪90年代刮起"文硕旋风"的《世界会计审计名著译丛》总编和《世界审计史》《西方会计史》《国家审计序论》作者文硕先生，提出要将"左右记账法"写入拟撰写的《中国现代会计史1900年—2000年》，还建议笔者从一个全新的角度撰写一部《会计新原理》，并思考是否能将笔者的理论和方法，通过公司运作，打造一个新型会计管理公司。

20世纪90年代的财政部会计司主持工作的张汉兴副司长是解决改革开放与西方接轨瓶颈问题的关键人物之一，多次畅谈后，他为《财会的规律》题写了书名。

长虹集团和长虹股份有限公司原董事长兼总裁倪润峰评价说："'左右对应记账法'一目了然，简便易行，这种记账法既可以与现行记账法互通信息，更有利于监管。这一方法值得企业家、经济界人士和有关领导学习。"

广东天目智芯传感科技有限公司董事长兼CEO顾真先生根据财务分析的原理，结合管理企业的实践经验给予了指点帮助。

人民银行总行某原副行长，读《记账的规律》初版后，曾拟给时任财政部部长谢旭人写信介绍"左右记账法"。

上海科技教育出版社资深编辑王克平严格审编《记账的规律》初版时，指出了依据《会计准则》所定义的科目存在语法、逻辑问题，提高了书稿的质量。

上海交大出版社原社长韩建民上门约稿，并拟重点推荐郭岭松的《财会的规律》、汪齐齐的《记账的规律》企业版和李乐的《记账的规律》家庭版三本书。这三本书都是在笔者指导下，由非会计专业人士撰写的普及读物。出版后，汪一凡、许金叶、白庆辉、张磊、沈子涵等专家学者撰写文章予以点评。此外，会计普及读物曾得到中国财政经济出版社会计分社原社长徐洁好评。立信会计出版社原编辑部主任黄成艮老师曾约稿出版《记账的规律》丛书，立信会计出版社学术出版中心副主任孙勇老师一直"督促"我将"左右记账法"用现实会计实务形式呈现并出版。

《中国会计报》韩福恒先生多次采访报道有关"左右记账法"的内容，该报原主编陈清清老师给予了热情鼓励和支持，并推荐给中国财政经济出版社。

正保远程教育董事长朱正东先生、副总裁朱俊朴先生安排中华会计网校录制了《基于左右记账法的会计学原理》。其后，恒企教育、上海睿当家财税大数据平台、上海国家会计学院分别录制了会计基础视频课程。

原《财会学习》《财会世界》主编白庆辉、资深编辑张磊老师、吴振双老师先后多次给予指导和帮助。成都资深会计杨晓艳老师在审核记账方法之余，结合会计实务的案例从测算盈亏、税务处理方面给予了指导。

中央财经大学邀请马靖昊、汪一凡和笔者做"'龙马三人行'第一期——探索会计新思维"时，笔者重点推出了"左右记账法"。

厦门大学90年校庆时，上海立信会计出版社社长窦汉修主持汪一凡先生的新书发布会，汪一凡演讲《厦大冲刺世界会计第一》时，推荐了"左右记账法"。

人民大学商学院周华教授邀请《新理财》杂志社社长兼主编马靖昊演讲时，

介绍了"左右记账法"。

上海国家会计学院白晓红副院长召集从事智能财务教学研究的王纪平副教授、刘梅玲副教授、长期从事会计网路教学工作的王咏梅老师,信息技术+会计审计的跨界者重庆理工大学会计学院程平副院长等专家学者参加的视频会议,组建了"左右记账法"研究与应用工作小组,旨在从方法论层面研究左右记账法对会计职业存在的理论与实践价值。

2017年,中华会计网校与中国会计报社联合召开全国会计研讨会,邀请笔者在大会上做"左右记账法"专题演讲。

德国FALK(富高)审计税务事务所中国部负责人姚元凯先生和他的德国合伙人帮助翻译了德文"左右记账法"简介。日本东京大学经济学博士黄亚南先生帮助翻译了日文"左右记账法"简介。

上海睿当家CEO甘霖先生专程从上海前往北京,邀请笔者前往上海录制视频课,提出重要建议并希望代理发行《至简会计》。睿当家税务师杜宏所长、睿当家合伙人资深财税专家冷星老师等都表示会积极推动《至简会计》的发行。

小霸王学习机收录了《两小时学会的会计学基础》——基于左右记账法。

中国职工教育和职业培训协会常务副会长汪春慧对《至简会计》的原理和方法给予了充分认可和鼓励。

正德堂文化发展(北京)有限公司与杭州华职教育科技有限公司拟联合推广《至简会计》。

上海睿当家科技公司联合创始人、财税智能化专家施振华老师非常专业地审阅全书后提出修改意见,并终审了全书。

最后,要感谢中国财政经济出版社蔡丽兰社长、王飚老师在出版《至简会计》中给予的帮助和支持。

汪致正
2022年2月

图书在版编目（CIP）数据

至简会计/汪致正著. -- 北京：中国财政经济出版社，2022.5

ISBN 978-7-5223-1328-3

Ⅰ.①至… Ⅱ.①汪… Ⅲ.①会计方法－基本知识 Ⅳ.①F231

中国版本图书馆 CIP 数据核字（2022）第 058133 号

责任编辑：王　飏　　责任校对：张　凡
装帧设计：汪致正　　责任印刷：张　健

至简会计
ZHIJIAN KUAIJI

中国财政经济出版社 出版

URL: http://www.cfeph.cn

E-mail: cfeph@cfemg.cn

（版权所有　翻印必究）

社址：北京市海淀区阜成路甲 28 号　邮政编码：100142
营销中心电话：010 - 88191522
天猫网店：中国财政经济出版社旗舰店
网址：https://zgczjjcbs.tmall.com
捷鹰印刷（天津）有限公司印刷　各地新华书店经销
成品尺寸：170mm×230mm　16 开　18 印张　298 376 字
2022 年 7 月第 1 版　2022 年 7 月天津第 1 次印刷
定价：128.00 元
ISBN 978 - 7 - 5223 - 1328 - 3
（图书出现印装问题，本社负责调换，电话：010-88190548）
本社图书质量投诉电话：010 - 88190744
打击盗版举报热线：010 - 88191661　QQ：2242791300